职场生存图卡

职场人的必备通识

张燕玲 李雯 / 著　　郭盖 / 绘

清华大学出版社
北京

内 容 简 介

　　职场对于我们个人而言究竟意味着什么？怎样找到工作的意义？如何在职场中快速成长并获得晋升？如何既提升自己的能力，又不会掏空自己？如何在职场中成为一个鲜活的人，同时在工作中创造价值？对于职场中种种已被言说以及未被言说的问题，我们又该如何面对？

　　本书旨在帮助职场人突破认知、提升职场生存技能。本书从具体职场场景切入，围绕职场成长的五大核心模块，提供了具体解法。此外，本书还提供了 18 个认知重塑、78 个教练问题，帮助读者在职场中实现突破性成长。无论您是刚入职场的新人，还是久经职场的老手，相信都能通过阅读本书有所收获。

图书在版编目（CIP）数据

　　职场生存图卡：职场人的必备通识 / 张燕玲，李雯著；郭盖绘. —北京：清华大学出版社，2023.2

　　ISBN 978-7-302-62917-7

　　Ⅰ. ①职… Ⅱ. ①张… ②李… ③郭… Ⅲ. ① 职业选择—通俗读物 Ⅳ. ① C913.2-49

中国国家版本馆 CIP 数据核字（2023）第 060948 号

责任编辑： 杜春杰
封面设计： 刘　超
版式设计： 长沙鑫途文化传媒
责任校对： 马军令
责任印制： 沈　露

出版发行： 清华大学出版社
　　　　　　网　　　址：http://www.tup.com.cn，http://www.wqbook.com
　　　　　　地　　　址：北京清华大学学研大厦 A 座　　邮　　编：100084
　　　　　　社 总 机：010-83470000　　　　　　　邮　　购：010-62786544
　　　　　　投稿与读者服务：010-62776969，c-service@tup.tsinghua.edu.cn
　　　　　　质量反馈：010-62772015，zhiliang@tup.tsinghua.edu.cn
印 装 者： 三河市人民印务有限公司
经　　销： 全国新华书店
开　　本： 148mm×210mm　　**印　　张：** 7.75　　**字　　数：** 159 千字
版　　次： 2023 年 4 月第 1 版　　　　　　　　**印　　次：** 2023 年 4 月第 1 次印刷
定　　价： 69.80 元

产品编号：096201-01

在职场，
激发你的内在生命力

一粒种子
从石头缝里探出头来

破土，发芽
是生命本来的样子

职场的你
无论身处怎样的环境
皆有创造非凡的能力

你
就是那粒种子
破土，生长
是与生俱来的能力

不要抱怨
职场中的各种挑战

正如
种子不会抱怨石头缝隙的狭窄与贫瘠

不要怀疑
自己有没有潜力
正如
种子不会怀疑自己抽芽向上的能力

你生而为人
已智慧具足

在职场这个江湖里
带着勇气与自信
去仗剑驰骋吧

生命的神性
将因你的创造而得以显化
你所到之处
皆因你的蓬勃而熠熠生辉

职场中的你我，每天忙忙碌碌，能有个契机，静下心来，一起聊聊心里话，是一件多么奢侈的事情。但是此时此刻，我们如此有幸，正在享用这份奢侈。感恩。

我们先聊聊你手上的这本书是如何诞生的。

2021 年是我进入职场的第 16 个年头。在年底最忙的一段时间，有一天，我和团队的小伙伴们刚开完年度复盘会，准备下楼吃饭，在走廊里偶遇了一位其他部门的同事，她满脸感慨地对我说："燕玲姐，好羡慕你啊！"

"嗯？羡慕我？为什么突然这样说啊？"我愣了一下。

"你的团队里，每位小伙伴都眼里有光，真是让人羡慕……"对方很认真地说。

今年是我带领这支"90 后"团队的第 5 个年头，北京、广州跨地域管理，每棵"小苗"都在健康茁壮地成长，我发自内心地喜欢她们向阳生长的样子。看着团队里每一位灵动可爱的小伙伴，我如老母亲般甚感欣慰，这种感觉是我以前带团队时所没有的。

以前的我，是一个妥妥的"职场工具人"，像钢铁女战士，只关心如何提升自己的硬核工作能力，甚至会对解决问题这件事上瘾，生病了打着点滴也可以熬夜加班，很少拿出时间陪伴家人，把自己活成了一架"战斗机"，这让我感受到自己很有能力，像个超人，过着所谓的自己觉得很充盈的生活，内心沾沾自喜。自然地，我对团队的管理风格也是目标导向、效率优先，我的眼里没有"人"的存在，只有工作。

几年前一次偶然的机会，我遇到了教练，并且经过两年系统的学习和 700 多个小时的实践，拿到了 ICF[①]（International Coach Federation，国际教练联盟）颁发的 PCC[②]（Professional Certified Coach，专业级认证教练）证书。你可能好奇"教练"是什么，我认为"教练"作为名词，是一门深度关注人内在成长的哲学；作为动词，是帮助我们减少内在干扰、激发内在潜能的陪伴过程。

当人不一样时，事情也会变得不一样。而人的改变来自认知的转变、内心的醒觉。我很喜欢一句话："每个人都是智慧具足的，每个人都可以活成自己的大师。"自从学习教练以来，

[①] ICF（国际教练联盟）成立于 1999 年，总部位于北美洲，是一家全球性的教练组织，颁发全球承认的教练资质认证。ICF 将"教练"定义为"与客户在发人深省和富有创造性的过程中进行合作，激发他们最大程度地发挥个人能力和专业潜力"。

[②] ICF PCC 是指经 ICF 官方考核并承认的专业级认证教练。要获得 ICF PCC 认证，需要至少完成 125 小时的教练特定培训、10 小时的导师教练、500 多小时的教练经验和教练知识评估（CKA）。截至 2023 年 2 月，ICF 在全球 143 个国家和地区有 21 348 名专业级认证教练（PCC），其中，中国获得 ICF PCC 认证的专业教练有 821 人。

自己的世界由内而外发生了很大的变化。我从极端关注事情的层面慢慢转向关注人的内在，从过去狭隘地只相信自己转向相信团队中的每位小伙伴，管理风格从控制型的带头冲锋变成了滋养式的内在赋能：关注工作成果的同时更关注他们的内在状态，给予指导时更侧重于运用提问与激发的方式，解决问题时更倾向共创与探讨，树立规则时更给予允许与勇气。并且我把自己学到的很多教练方法源源不断地运用到工作管理中，帮助团队成员发掘各自的优势和能量。比如，把干巴巴的工作周会改成了有温度的成长周会，引入了私董会工作坊、领导力成长工作坊、复盘会、裸心会等工作方式，和团队小伙伴们一起用共创的方式解决工作中的各种问题。这种深度赋能的效果也在不断显现。接下来听听团队小伙伴们是怎么说的。

这一年以来，我发生了非常大的改变：在工作实践中和同事对接时更加顺畅，也能更准确地理解客户需求，工作效率大大提升；从之前的不敢表达自己的意见到现在可以自信表达，超级有成就感；从之前的零规划工作模式，到现在主动发现问题并及时复盘，每次都有很不一样的突破。我超级喜欢现在的自己！

以前的我，无论工作还是生活，总是很"用力"，一旦我放松一会儿，我的大脑就会"鞭打"自己，我常常活在焦虑中；但是如今，无论是绘画还是工作，我都能轻松完成且有所突破，并且把工作中的每件事真正当作修炼，这种感觉很棒、很轻盈，较之前的我进步很大。

作为一个中层管理者，以前，"灭火"就是我的标准动作，不仅自己累，而且业绩进步不大；现在的我，正学着做一个好的"容器"，接纳自己，也包容他人，我的管理风格逐渐由一个控制者走向赋能者，这让我和我的下属都受益良多。

伴随着这些实践和体验，我也越来越认识到，从"全人"[①]的角度出发做一个赋能支持者是如此重要。正是看到一个个团队成员经由内在状态的转变而轻松实现了外显能力的直线提升，我萌生了创作此书的念头，期待把由我们亲身实践沉淀下来的价值理念和方法分享给更多的职场人。我希望本书可以让职场中的你少走弯路，轻松获得职位晋升，更希望你在职场里"打怪升级"的同时，不掏空自己，不把自己活成一个"工具人"。万物有道，认清本质，抓住根本，才是真正的捷径。相信书中的很多内容会令你醍醐灌顶。

全书共 7 章，采用总—分—总结构。"事在人为"这一章是总起：身在职场，首先需要看清你和职场之间是怎样的关系，以及职场对你而言究竟意味着什么。我们将带你寻找工作的意义。中间展开的第 2 ～ 6 章论述的是职场精进的 5 个关键方面，你可以从中获得秘籍。"职场高手的 6 个特质"是收尾，你可以对照着看自己拥有哪些成为职场高手的关键特质，以及还有

---

① "全人"（holistic person）可以理解为具有整合人格、得到全面发展的人。全人视角更着重于人的内在，如情感、创造力、想象力、同情心、好奇心等，尤其注重自我的实现。隆·米勒提出了"全人范式"（holistic paradigm）的概念，认为人的精神性更胜于物质性，这一全人范式理论不贬低物质的重要性，不否认社会存在的价值，更强调应关注人的内在情感体验与人格的全面培养，达到人的精神与物质的统一。

哪些方面需要重点突破。最后的附录"职场避坑指南"是礼物，为你梳理了一些职场潜在的人情世故。

"事在人为"这一章强调的是职场的主动性。你是什么样的状态，你的职场就会是什么样的。有的人每天工作 8 个小时会觉得疲惫不堪，而有的人每天工作 18 个小时依然神采奕奕，我知道这其中热爱肯定发挥着很重要的作用，但除热爱之外呢？无论多热爱的工作，职场中肯定会面临被动选择的时候——难搞的客户、不喜欢的项目等，总是无法避免。如何化被动为主动，借助工作这个载体，活出自己的精彩？本章将为你揭晓答案。

"逆行的职场观"这一章强调的是认知。我一直认为那些有成就的人之所以比我们厉害，不是因为他们比我们聪明，而是因为他们的认知更厉害。当一个人的底层认知有变化时，他在外在世界的收益就会改变，所以本章我们会颠覆你的一些观点，比如，不一定 5 点起床才是职场精英；做好接触点管理比埋头苦干更重要；不必学别人辛苦自律，找到自己的规律更容易出成果；……当你转换了职场观，一定会找到属于自己的高效成长之路。别人爬楼梯，你可以乘直梯。

"问题＝机会"这一章讲述了关于解决问题的心法。解决问题的能力，是一项底层的能力。从某种程度上说，因为问题存在，你才有价值。职场中，抓住了问题就等于抓住了机会。那么怎样抓住问题并把问题转化为机会呢？如何更高效地解决问题？你可以在本章找到答案。

"被忽视的三大硬核技能"这一章讲述了职场中的一些软

能力。这些软能力是职场竞争的硬核武器，认识到"软实力"的价值，你才是真正的高手。在本章，我们为你精选了三个最有价值又最容易被人忽视的底层能力——搜索力、厘清力、复盘力，如果你真的掌握了这三种能力，我敢说，你已经超过了身边 80% 的人。快来看看吧！

"别输在表达上"这一章在谈表达。无论是职场还是生活，同等能力下，会说话的人总是更有优势。所以在锻炼自己的能力时，尤其要注意表达能力的锻炼。市面上关于表达的书籍或课程有很多，如果都要学则耗时巨大。其实我们掌握了"道"后，自然也会灵活地运用"术"。所以本章不仅介绍怎么做，更融入了我们对职场的一些洞察，如"汇报不只是汇报，更是为了调度资源"，并且给你总结了"万金油"式的表达结构，可以大大节省你的时间，帮你轻松提升表达能力。

"小白也有领导力"这一章讲的是如何赋能。领导力在职场中非常重要，这也是职场高手的必备技能。大家可能有一个误区，觉得只有领导才谈"领导力"，其实不然，每一个人都可以有领导力。我要告诉你一个好消息：培养领导力并没有想象中那么难。本章将详细告诉你如何在日常工作中培养和锻炼自己的领导力，轻松获得资源支持和影响力。

"职场高手的 6 个特质"这一章为你提炼了职场优秀人士最核心的六大特质。当你重塑了认知，又获取了能力，并且学会把自己的实力"销售"出去影响更多人时，证明你已经进入了职场快车道，如果你还能继续潜心修炼这六大特质，那么恭喜你，在职场道路上你将斩获很多惊喜。

　　"职场避坑指南"这一章是送给你的一份贴心小礼物。作为职场新人，有些潜在的人情世故需要注意，这会让你在职场中更加如鱼得水。

　　此外，本书的每一章我们都用心设计。每一章都有"认知重塑"，我们始终相信，认知才是行为改变的源动力。每一章都是从具体的职场场景切入（这些故事均真实发生过，相信你在阅读时会有似曾相识的感觉），为了更有趣味和代入感，我们还特意设定了一个人物形象——飞飞，一个刚入职场、善于学习、充满能量的小女孩。迷时师度，悟时自度。我们还在每章末尾专门设置了"教练三问"，你可以借助这些提问做更深入的思考，以获得更高效的进步。

　　本书内容不仅仅关乎职场，更关乎人。如何在职场中成为一个鲜活的人，如何在成为一个鲜活的人的同时更好地在工作中创造价值，是本书的探索方向。我们期待这本用心创作的小书可以引发职场同行者对人与工作之间的关系的新的省思，那将是我们莫大的荣幸与欣慰。

　　这本书是我带着两位"90后"小伙伴李雯和郭盖一起创作完成的。她们内在鲜活、闪闪发光，并且非常优秀。在此，容许我隆重地介绍她们：乐观向上、内在坚韧的李雯参与了本书许多篇章的整理工作；热爱绘画、思维活跃的郭盖为本书精心创作了所有配图，她的配图让整本书顿时生动起来。另外，也感谢刘睿和李潇潇为本书的文字校对和整理付出的心血。

　　一粒种子长成大树，离不开阳光雨露，同样，我们在职场中的成长也离不开一个有张力的、开阔的支持系统，而我恰恰如此幸运地拥有了这样的支持系统，所以我也想借此机会感谢几位对我来说非常重要的引领者。首先，我想由衷地感谢我的领导——零点有数的董事长袁岳先生，他是我进入职场的第一位引领者，也是我职场道路上最重要的贵人。在零点有数工作的十多年里，我从职场小白成长为高管，不断突破，得益于袁岳先生为公司创设的鼓励创新、开放包容、尊重个性的企业文化；感谢国际教练联盟授权的中国教练机构 Coach8 创始人薛铁镰老师，在学习教练的这几年间，薛老师和泳橦老师、晓晴老师等都给予了我很多帮助和启发，大大促进了我的内在成长；感谢职业生涯知名教育专家古典老师，我在他创办的新精英机构学习了生涯规划课程，对工作这个道场有了更深度的理解；感谢我的家人，他们为我创造了和谐有爱的家庭环境，为了支持我的工作和学习，他们默默地奉献着，并且总是为我的每一次进步和突破给予发自内心的鼓励和欣赏；感谢我最可爱的儿子峻宇宝贝，这个小天使的到来给了我一次内在重生的机缘；感谢其他所有帮助过我、一直默默支持我的好朋友们，因为有你们，我总是处于内在丰盈的生长状态。限于篇幅，无法一一致谢，但你们在我的内心深处永远居于温暖而重要的位置。

　　拥有一份爱，最好的方式是把它传递出去。今天，我选择用书写的方式，把我获得的如此丰盛的支持和爱，传递给正在翻阅此书的你。如果你觉得从中受益或者得到真实的能量，我也希望你把这份爱继续传递出去。

最后，再一次感谢拿到本书的你，感谢你的信任。衷心祝愿你在职场中闪闪发光、神采奕奕，收获内在与外在合一的丰盛与喜悦。

鉴于本人的水平与时间所限，本书难免存在不足之处，还望谅解。

张燕玲

2023 年 2 月于广州

目录

contents

第一章

事在人为

不做职场空心人

君子不器。

——孔子

先给大家讲一个故事。

飞飞刚入职时，是新入职员工中平平无奇的一个，并不出挑，也不张扬，一年后她当了部门经理，而与她同批的新员工几乎都换了新工作。

公司人力资源部门做员工访谈时发现：有些员工入职第一年做的很多工作都是看似"价值不太大"的内容，所以内心就会想，"我明明是来学习如何成为'武林高手'的，我需要的是'武功秘籍'，而不是整天做这些没有意义的事情"。所以有这样想法的员工就离职去别的公司继续寻找"武功秘籍"了。

但飞飞却是一个"另类"的存在。她每天也是重复做一些初级的事情，所不同的是，她从工作的每件小事中都能学到很多，这让她体会到一种无时无刻不在成长的快乐与满足。例如，在帮领导打印文件的时候，飞飞会根据文件类型和客户类型的不同，总结出不同的排版心得；她会因为跟随领导去和客户吃了一次饭而主动学习工作中的社交礼仪；她有自己的"错题本"，会把工作中犯下的点滴错误认真总结，形成自检清单，要求自己同样的错误不犯第二次……飞飞这样日日精进的"修炼"故事还有很多，每一次看似枯燥的打杂，对她而言都是不一样的成长。

看完这个故事，你有什么感受?

不知道你有没有注意到，职场中这样的情况比比皆是。明明是同样的工作环境，有的人最终成了企业家，成就了一番事业，有的人日益平庸，最终碌碌无为。这是为什么? 不同之处在于他们的动力系统。那些对自己负责的职场人，他们的高工资背后，是自己的个人志向在推动自己向前；而将"工资"作为目标，的确会在一段时间内推动我们向前，但是这种动力不会持久，容易变得后继无力。在职场中，很多人的求职逻辑是"组织需要什么样的人才，我就需要拥有什么样的能力"。这种主动贴合市场需求的方式实用性强，本无可厚非，但是我们也需要看到，这会把我们局限在这个框架之内，结果就是让自己不知不觉地变成了服务于岗位的螺丝钉，变成了失去创造活力的工具人。当我们匹配组织的筛选机制时，我们容易丢失自我，丢失内在的鲜活性，慢慢地就成了职场空心人，很快就会遇到职场发展瓶颈。

我猜人人都不想落到这个境地，那么该如何破局呢？就像开篇中讲的飞飞的故事，对于打杂，如果我们真的把它当作"打杂"，那么就会变得枯燥无味、毫无意义，但如果我们能从打杂中获取成长的快乐，那么打杂就会成为职场进阶的必经之路。同样，在职场中，当你拥有了飞飞的思维方式，你就会在每项工作中结合自己的志向，去思考自己想从中锻炼什么、获得怎样的成长。在这个过程中，人还是这个人，事还是这件事，但人会因为做事而获得能力提升，事情会因为这个人的用心和创造力而得到积极的结果。如此这般，我们就在职场的每件小事中日日获得精进，在组织中"反客为主"，和组织共生共赢。

教练三问

❶ 在你的工作和生活中，你的动力来源偏内在还是偏外在？这种结果是如何形成的？

❷ 如果写一个自己在职场中的愿望清单，你写下的第一条是什么？这条愿望所折射出的你和工作之间的关系是怎样的？

❸ 卸下你在职场中的身份标签后，你是谁？请用一句话描述。

我们想从工作中获取什么

你工作为的是

要与大地和大地的精神一同前进。

在你工作的时候，你是一管笛，

从你心中吹出时光的微语，变成音乐。

从工作里爱了生命，

就是贯彻了生命最深的秘密。

——纪伯伦《论工作》

苏格拉底曾说："未经审视的人生是不值得过的。"

当我们每每谈起工作，我们在谈论什么？

当我们天天体验工作，我们在体验什么？

为什么有的人每天工作 8 个小时觉得疲惫不堪，而有的人每天工作 18 个小时依然神采奕奕？真的只是喜欢和不喜欢的区别吗？

对于职场中的你和我来说，工作占去了我们一天中绝大部分的清醒时间，然而我们真的思考过自己与工作之间的关系吗？我们是工作的主人，还是工作是我们的主人？我们是在为工作服务，把自己的时间都奉献给了工作；还是工作在为我们服务，我们通过工作的方式践行自己的生命意义？

1. 工作能为我们带来什么，取决于我们想从中获得什么

可能你会问，这有什么区别吗？不管是谁为谁服务，结果不都是我们要花时间去工作吗？我想告诉你的是，确实是不同的。因为关系中的角色直接决定着我们的行为方式，也直接决

定着我们能收获什么。如果工作是我们的主人，我们就是被动的一方，任由工作摆布和利用，工作对我们来说就是一种消耗，我们用一种消耗自己的方式来换取可怜的劳动报酬。在这样的关系里，我们的生命无法在工作中绽放，同时也缺乏创造力和活力。而如果我们是工作的主人，那么我们就是主动的一方，可以根据自己的需求决定如何通过工作达到自己的目的。工作对我们而言是一种资源，我们可以通过选择不同的工作类型或者选择完成同一项工作的不同方式来实现自己的目的。工作能为我们带来什么，取决于我们想从中获得什么。在这样的关系里，我们的生命处于一种负责任的主动选择状态，即便在工作中遇到各种各样的困难和挑战，我们仍然会为了自己的目的而创造力十足。

说到这里，把我们的话题引向一个提问：如果有机会选择，我们想通过工作实现什么目的？

2. "工作动力循环系统"模型

大多数人想到的是，通过工作换得金钱以保障生活的安全感，获得某种社会身份和地位带来的受尊重感，成为某种社会关系中的一分子，以获得归属感，体现自己活着的社会价值。只有非常少的人是借由工作践行自己的生命意义，而很多成功的企业家就是如此。

怎样才能实现以上这些目的呢？为了弄清楚这个问题，我开发了一个"工作动力循环系统"模型。

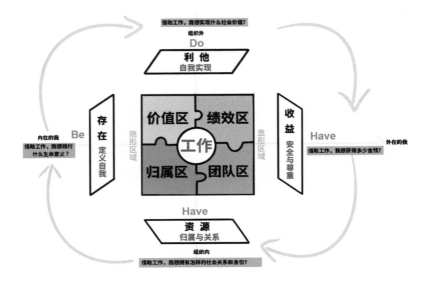

现在，我来介绍一下这个系统。这个系统的目的是探索"借由工作，我如何实现我的目的"，分为"如何实现我与我的关系"和"如何实现我与世界的关系"两个维度，其中，横轴是"与我的关系"，左边是"与内在之我的关系"，即"借助工作，我想践行什么生命意义？"右边是"与外在之我的关系"，即"借助工作，我想获得多少金钱？"纵轴是"如何实现与世界的关系"，我把组织（工作单位）看作一个链接我与世界的载体，我与世界的关系就是我与"组织内"和"组织外"的关系，所以，纵轴的上端是"我与组织外的关系"，即"借助工作，我想实现什么社会价值？"纵轴的下端是"我与组织内的关系"，即"借助工作，我想拥有怎样的社会关系和身份？"

这个二维图清晰地展示了借助工作，我们可以实现的四种目的，具体如下。

（1）**定义自我（Be）**。你对自己要成为一个怎样的人是否有清晰的认知？你想如何借助工作这个通道／载体来践行自己的生命意义？就像一家公司在成立之初，会先定下自己的愿景、使命和价值观，对于个人而言也一样。在进入工作状态之前，对这个非常重要的问题，你是否考虑清楚？

（2）**自我实现（Do）**。你想采用怎样的工作方式实现自己的社会价值？也就是说，你期待从事什么样的工作，为什么样的客户提供什么样的服务？去寻找自己内心深处最认可的一种利他的价值实现方式。比如，我自己选择的价值实现方式就是呈现真相和本质，为客户提供数据洞察，所以就选择进入数据洞察驱动的咨询行业，并不断积累经验，提升自己。

（3）**金钱收益（Have）**。你想借助工作获得多少金钱收益？为此你愿意做出怎样的承诺与付出？工资、福利、股票等有形酬劳是大家对于工作目的最直接的认知，也是工作可以满足我们生活安全感的最直接动力。金钱酬劳的背后是承诺和责任。

（4）**资源收益（Have）**。你期待在一个组织中拥有怎样的资源？为此，你愿意做出怎样的承诺与付出？这些资源包括你在公司内的职位身份、你与组织领导或者同部门／跨部门同事之间的关系以及大家对你的评价和支持度，等等。这些因素构成了你在组织中的关系收益，也决定着你的归属感能否得到满足。

同时，这个二维图两两之间形成了 4 个象限：价值区、绩效区、团队区、归属区。其中，绩效区和团队区是我们最容易看见的部分，属于显性区域，而价值区和归属区是不容易被看到的部分，属于隐性区域。在谈及工作时，我们常常着眼于谈论绩效高低和团队合作这两个显性区域，而其实这只是行为层面的表象，真正的动力系统产生于价值区和归属区这两个隐性区域，也就是说，底层的工作动力和在团队所获得的资源支持力度是非常重要的，这是一个人工作产出质量高低和工作体验好坏的源动层。正应了老子说的"有之以为利，无之以为用"，越是无形的东西越起着主导、根本性、决定性的作用。

3. 启动工作动力循环系统的 3 种方式

需要注意的是，以上提到的定义自我（Be）、自我实现（Do）、金钱收益（Have）、资源收益（Have）这 4 个目的的启动顺序会大大影响到我们目的的实现质量。只要我们正确地启动这个循环系统，实现这些目的就不是难事，但如果启动方式有偏差，那么实现效果也将大打折扣。我们把启动这个工作动力循环系统的方式可以归为以下 3 种类型，看看你属于哪一种。

方式一：Do-Have-Be 模式。我只有不断做了什么（Do），才可能拥有什么结果（Have），然后我才可以成为我想成为的什么人（Be）。例如，画面 1："我只有不断努力工作，才可能拥有很多钱，等我有钱了我就去做一个公益慈善家，救助那些

贫苦的人。可是一想到我每天投入这么多精力做着自己不喜欢
的事情，我就觉得现在这份工作没意思，所以我也没办法把工
作做好得到晋升，而因为我的工作做得不好，没办法挣到很多钱，
所以我做公益慈善的梦想也根本不可能实现。""Do-Have-Be
模式"驱动下的典型情况就是"我做的工作不是我想要的，我
觉得很累"。

方式二：Have-Be-Do 模式。当我拥有某些条件（Have），
我就可以成为一个怎样的存在（Be），这样我才能做一些什么
事情（Do）。例如，画面 2："当我拥有了很多钱，我就可以
成为一名成功的企业家，然后我就可以去做很多公益慈善，救
助那些贫苦的人。可是我现在还没有拥有足够的钱，所以我的
这个理想没办法实现。理想很丰满，现实很骨感。""Have-Be-Do
模式"驱动下的典型情况就是"躺平不是我的错，是因为我没
办法"。

方式三：Be-Do-Have 模式。从愿景出发，找到自己存在的价值（Be），因为我是这样的一个人（Be），所以基于我的愿景和价值观，我会选择做出这样的行为（Do），因此我会获得所有随之而来的结果（Have）。例如，画面3："因为我是一个有公益理想的人，我希望可以救助更多的贫苦人，所以我会选择加入一家支持公益事业的组织，当我将全部热情投入工作时，我的工作取得了很大进展，并获得了晋升，然后我动员更多志同道合的人参与进来，取得了更大的成果，荣誉、影响力等随之而来，然而这些外在的荣誉对我并不意味着什么，我如从前一样每天都在充满激情地践行自己的理想，每一刻都过得很有意义，无比丰盈。""Be-Do-Have 模式"驱动下的典型情况就是"活在当下，我经由工作，正在活出自己，我每一刻都丰盈"。

看完这3种不同的启动方式，你有什么感受？这3种方式中只有"Be-Do-Have 模式"是启动工作动力循环系统的最佳方式，也是获得职场幸福感与成就感的阻力最小之路。"Be-Do-Have 模式"完美呼应了纪伯伦的那句话："从工作里爱了生命，就是贯彻了生命最深的秘密。"

4. 以别人的愿景使命为"引子"，唤醒自己沉睡的内心

可能你会说，"Be-Do-Have 模式"固然是好的，但是我没有那么幸运，我现在还不清楚我的愿景和使命是什么，所以我现在的工作自然也不可能是被自己的愿景召唤来的工作，可是我又不愿像"Do-Have-Be 模式"和"Have-Be-Do 模式"那样活着，我该怎么办？别着急，有办法。如果你还没有找到自己的愿景和使命，这很正常（很多人都没有找到，所以你不必焦虑，此刻你可以读到这篇文字，并且心里泛起了想寻找关于自己愿景和使命的想法，恭喜你，你已经超越很多人了），你可以先借用别人的愿景和使命作为"引子"，来唤醒自己沉睡的内心，而等自己有了清晰的愿景和使命时，再把它替换掉。但是问题是如何借呢？当下即智慧，你可以借你所在的公司创始人的愿景和使命来用一用，仔细咀嚼一下你所在公司的愿景、使命和价值观（可能你从未对公司墙上贴的企业文化内容有过这样微妙、不同的感受），把它借来植入自己的内心，用一个内在全新的自己重新体验工作，我相信你会有不同的感受：你的腰板会更直，呼吸会更顺畅，眼睛会更有神，整个人会更有神采，内在会更自信，脚踏大地会更有存在感。当你有这样的内在变化发生时，你的外在世界一定会发生变化，工作自然也会变得轻松而富有创造力，你的同事和老板也会更加喜欢和你合作，伴随着大家对你的支持和信任，你的工作成果也必定会越来越

丰硕。如此这般，晋升之路还会远吗？

教练三问

① 过往你对工作有哪些深切的体会？

② 了解"工作动力循环系统"模型和 3 种不同的启动方式，对你有什么新的启发？

③ 如果有机会选择，你现在想如何启动你与工作之间的关系？

逆行的职场观

第二章

一定得 5 点起床才是职场精英吗
——时间叠加

> 在我看来，能做好事情的人并不是"马力最大的"，
>
> 而是效率最高的。
>
> ——沃伦·巴菲特

飞飞最近超级忙，忙得她没有时间去看她喜欢的漫展。别说看漫展，连慢慢洗头发的时间都没有，昨晚还被家里人抱怨"感觉就像一个陌生的租客，还不如家里养的猫"。

中午吃饭时，看到同事一如既往精致的便当，飞飞不由得一阵羡慕："你好厉害，项目这么多还能抽出精力好好生活，

我感觉完全没有属于自己的时间，你是如何平衡工作和生活的呀？"

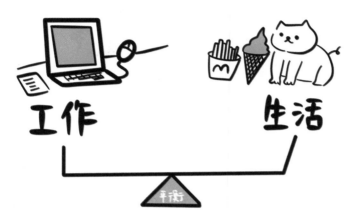

同事顿了顿，放下筷子，笑着对飞飞说："大家总问我应该如何平衡工作和生活，在我看来，这本身就是一个伪命题。因为在很多人眼里，一天的 24 个小时都是平铺的，没有交叉，但对我来说，时间却是可以叠加的。"

飞飞感觉置身于科幻空间，掉进了时间的旋涡，呆呆地问："叠加时间，这是什么意思？"

"就是在同一个时间段，我可以做很多事情。比如，起床刷牙的时候我可以听有声书学习，还可以通过踮脚尖和扭胯来健身。很多人都受困于工作和生活如何平衡，其实重要的不是如何平衡，而是让时间叠加起来，让经验流动起来，职场和生活完全可以整合起来的。"

　　飞飞还是第一次听到这样的说法，有一种突破认知的感觉，心想："天啊，人和人怎么差别这么大……果然是个高人。"

　　"让时间叠加，让经验流动，那我该如何做到呢？可以具体说说吗？"飞飞表示不是很明白，好奇地追问。

1. 时间叠加：1 分钟 =N 分钟，活出翻倍人生

　　"时间是固定的，每天都是 24 个小时，每个人都一样，不

一样的是运用时间的方式。你其实可以在同一时间做两件或者两件以上的事情。"同事笃定地说。

"一心多用，不会混乱吗？"飞飞有点不相信。

"不会，"同事说，"重要的是看怎么安排，虽然看起来很复杂，其实很简单，关键是要把不同的事情配好对，这样，我教你一个小妙招。"

时间叠加小妙招："1+N"：

"1"为主任务，表示必须做的事情，如周一早起乘地铁上班。

"N"为辅任务，表示自己感兴趣的、不紧急的事情，如想学画画。

所谓"1+N"，就是巧妙地把不同任务搭配起来，在一个时间段可以并行执行至少两项。

每天把相应的任务都列出来，先根据时间安排好主要的任务，然后再搭配适合的辅助任务。比如，我们可以在回家的路上（主任务）盘点今天的工作，并用手机做记录（辅任务）；在敷面膜（主任务）的时候听电子书（辅任务1），还可以同时做瑜伽伸展身体（辅任务2），这样就可以把有限的时间充分利用起来。

　　需要注意的是： "1"不是说只有一件事，它是指当下最重要的事情，必须精确到时间段，一天可以有很多个"1"。"N"不是说它不重要，相反，有的可能很重要，只是目前没有那么紧急。辅任务要尽可能详细、具体。尽量让每一个时间段至少达到"1+2"的情况。

　　当我们可以把一份时间掰成多份时间去用，就会有一种掌控感，自然也就不会纠结做了这件事不能做那件事了，而且在不断调试不同任务搭配关系的过程中，还会拥有一种满满的成就感。

"学到了，不愧是高手。时间叠加我理解了，那经验流动呢？"飞飞佩服地问。

2. 经验流动：1份能力 =N 份能力，迁移能力复制成功

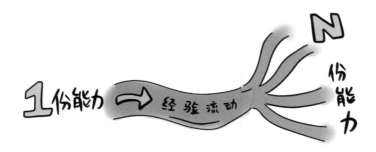

"所谓经验流动，就是把我们在职场中学习的、沉淀的东西迁移到生活中，让我们在生活的其他方面变得更厉害。

"比如，职场中我们需要和客户打交道，需要和同事互相协作沟通，需要处理工作中遇到的难题和挑战。在此过程中，我们修炼了沟通的能力、处理问题的能力、随机应变的能力等。当我们用职场中修炼的能力处理生活中的问题时，还怕会处理不好吗？

"同样，生活中的经验也可以迁移到工作中。这些能力只要学会便会永久拥有，重要的是学会迁移，职场和生活是融合的，这两个场域是可以相互流动的。"同事说。

"可是工作和生活是两个不同的场景呀，经验要如何迁移呢？"飞飞追问。

经验迁移主要有以下 4 个步骤。

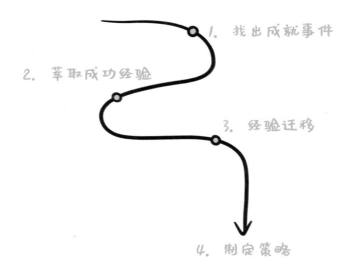

工作与生活不同场景中的
经验迁移四步法

1. 找出成就事件

2. 萃取成功经验

3. 经验迁移

4. 制定策略

第一步：找出成就事件

找到工作或生活中让你满意的事情，或者别人觉得你做得好的事情，重现事情的场景，看看你当时是如何处理的，并分析原因，弄清楚为什么你/大家会觉得满意。

"比如，咱们部门的人都觉得你是一个很有创意的姑娘，有很多点子，每次有新项目的时候你总会有一些新的思路和想法，而且客户也很认同。你这些想法是怎么来的？为什么大家会觉得你的想法好？"同事问飞飞。

飞飞认真想了想："我思维比较活跃，平时看到好的案例也会立即记录下来，也喜欢和大家讨论分享，这样比较容易激发大家思考，而且每次有项目的时候我会先询问客户的需求，如果客户的需求很含糊，我会先分析清楚，然后再进行创意。"

第二步：萃取成功经验

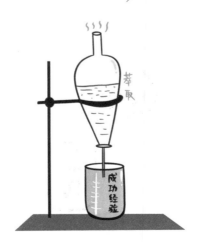

如果只能搞定事情，却不知道自己是如何搞定的，也不清楚这其中自己有哪方面的能力和方法，那顶多算个能手，算不上高手。真正的高手，会很重视从自己的成就事件中进行经验萃取，复盘整个成就事件，找到关键环节和关键做法，并判断其对整件事情带来的影响，从而从归纳经验上升到提炼底层规律，应用于其他场景，并不断进行动态调整迭代。

"好的，那么你再想想，在创意这件事情上，你觉得让大家认可的最主要的原因是什么？"同事继续问。

"是我的创意被客户采纳。"飞飞答。

"为什么你的创意会被客户采纳呢？"同事追问。

"是不是因为我的创意能切中客户的需求？"飞飞反问。

同事高兴地点头："没错，这就是关键点，因为你深入分析并理解了客户的需求，创意才会被客户所认可。相反，如果你的创意和需求不匹配，那么再好的创意客户也不会采用。"

 第三步：经验迁移

职场和生活虽然有融合，但也有区别，职场和生活的侧重点不一样，职场注重效率和结果，生活却更注重情感的流动。因此需要同构场景，将两者进行转化。

"找到关键点和通用做法，这样你就可以进行场景同构了。在职场中面对客户时，需要先理解客户的需求。那么在生活中面对家人时，我们是不是也可以先想想家人背后的需求？"同事问。

飞飞点头道："没错，有时候家人看似是抱怨我没有陪他们，但其实是担心我太累了，希望我照顾好自己。"

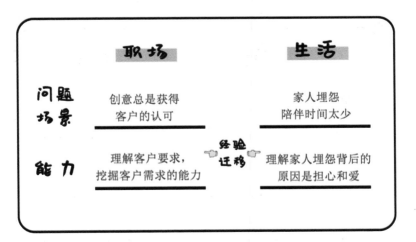

"对的，能想到这里说明你已经进行了转化。"同事表示肯定，"下一步是制定策略，也就是说你要解决问题了。"

第四步：制定策略

找到职场和生活的共通点，总结方法，制定策略，实现经

验的迁移。

　　"当你知道了家人背后的需求，就可以采取更有效的方式减少他们的担忧，比如，主动和他们分享你工作中的事情和你在工作时的状态，增进他们对你工作的了解，而不只是表面上的陪伴，这就是经验的迁移。"同事补充道。

　　职场和生活是相互流动的，职场中的经验可以迁移到生活中，同样，生活中的经验也可以迁移到职场。当然，经验迁移的前提是经验萃取。当你知道如何从每一件事情中萃取经验时，也就能举一反三地将这种方法用到其他地方了。

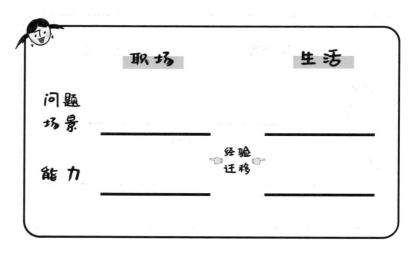

　　不论是时间叠加还是经验流动，重要的是要知行合一，通过日常小事不断提炼、转化，一段时间之后你就会慢慢发现，你的这种能力迁移已经内化，时间效率大大提升，工作和生活也会越来越随性、轻松。

掌控工作与生活：看看你是哪一种

被动姿态　　　　　　　主动姿态

	被动姿态	主动姿态
内心戏	工作压得我没有时间学习和生活，我很无奈，我讨厌工作	从工作中获得能力，有能力的人得以掌控人生，感恩工作
画面1	没有规划，总是觉得时间不够用	提前列出任务清单，在同样的时间内做更多的事
画面2	类似的事情反复做，陷在重复的工作和伪成功的喜悦中，没有突破	主动总结成功的经验，分析背后的原因，下次出现类似情形时可以事半功倍

教练三问

❶ 是什么给你带来了时间总是不够的焦虑感？

❷ 盘点你的时间资源，可以有多少种组合方式？

❸ 如果即刻开启新的叠加生活，你可以从哪里开始？

职场 生存卡

时间叠加

认知重塑

不要去追求平衡，而是去追求融合。

高手支招

让时间叠加，让经验流动。

时间叠加："1+N"

- **"1"为主**
  表示关键的、必须做的事情。
- **"N"为辅**
  表示自己感兴趣的、不紧急的事情。

经验流动：1份能力=N份能力

- 第一步：找出成就事件
- 第二步：萃取成功经验
- 第三步：经验迁移
- 第四步：制定策略

你总是忙忙碌碌，却还是个透明人
——接触点管理

你要抓到方法——那个关键点，你才有机会，才有效率。

——庄圆法师

"这次的项目很重要，你在对接过程中一定要搞清楚客户看重的'点'在哪儿，这样才能有针对性地为客户提供方案。"领导语重心长地对飞飞说。

公司最近新接了一个项目，飞飞负责提供创意和方案的设计，领导把飞飞也拉入了客户对接群，让她有不清楚的内容直接和客户交流。沟通过程中客户也很积极，并反复强调：如果有需要补充或不清楚的内容，随时沟通。

这大概也是领导对自己的一次考察，想着领导在手机另一端全程观察自己的表现，飞飞的心不禁颤抖了一下，战战兢兢地和客户确认创意中需要突出的重点内容。

"叮咚——"飞飞收到了同事发来的私信："飞飞别紧张，把需要确认的内容整理成条目发给客户，不要讲太多废话。"紧接着，又一条消息进来："由于第一次合作，大家彼此还不熟悉，需要建立对彼此的信任。越是这样的场合越要体现职场的专业性，管理好在客户心中的接触点。"

"接触点管理是啥？"飞飞心想，虽然不是很清楚，但不妨碍飞飞根据同事的建议，快速厘清思路，将有疑问的内容梳理好，统一给到客户确认。

客户表示飞飞很专业，对这次的合作很期待。收到了客户的积极反馈后，飞飞问同事："什么是接触点管理？"

1. 接触点——给对方留下深刻印象的"点"

看着满脸求知欲的飞飞，同事耐心解答："人与人之间的每一次接触都可以形成接触点，但并不是所有的接触点都需要管理，我们需要管理的是那些能给对方留下深刻印象的'点'，就比如我开始时提醒你的客户看中的'点'，我们就需要好好把握，通过这些关键的接触点，可以很容易地拉近人与人之间的距离，同时体现我们的专业性。"

接触点：给对方留下深刻印象的"点"

2. 两方面管理接触点，提升个人好感度

"那怎样才能管理好这些关键的接触点呢？"飞飞追问。

管理关键的接触点主要有以下两方面内容。

（1）**寻找关键的接触点**。刚刚说到接触点是那些可以给人留下深刻印象的点，生活中让人印象深刻的通常是对方认可的或给对方造成巨大影响的事情。比如，网上一直有人说：想让一个人记住你，最简单的方式就是向他借钱。在职场中想要让人印象深刻，也必须是对方认可并赞同的、符合对方价值观的，或者能产生巨大价值的事情。只有对方认可才能引起共鸣、增强印象。

当我们明白了什么是关键的接触点之后，再去找这些关键的接触点就变得很轻松。职场中，你可以进入某公司官网等平台了解该公司的企业文化、企业价值观，向之前有合作经验的人员请教，寻找之前经典的项目进行拆解，找到客户所欣赏、认可的关键触点。

（2）**构建关键的接触点**。客户欣赏或认可的接触点有很多，如专业性、乐于创新、信守承诺等。一件事情中可能会涉及多个接触点，需要你对这些接触点的内容重新构建，进行设计和管理。以工作汇报举例，如果对方是一个时间观念很强的人，那么你需要在截止日期之前汇报工作进度或成果，让其放心；如果对方追求专业性，那么工作汇报应该精练，凸显专业性；如果对方乐于创新，那么工作汇报里面可以凸显内容的不同点。

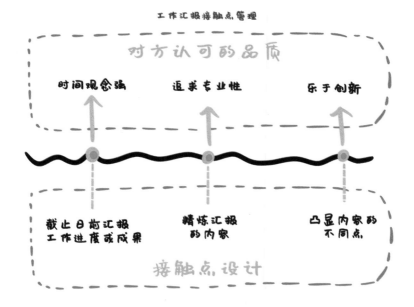

3. 做好 4 个关键时刻的接触点管理，升职加薪不再难

"除了客户，其他人也是一样的，在职场中，如果你能做好以下 4 个关键时刻的接触点管理，想不晋升都很难。"同事对飞飞说。

（1）紧急时刻。周五下班时间，你正要关电脑去约会，这时候领导过来跟你说有一个急活儿需要帮忙，而且周末也得赶

工，你的内心是什么感受？你可能一万个不情愿，但是我想提醒你，这恰恰是你表现自己的机会，一定要把握好。领导紧急召集的工作，不管多辛苦也要态度积极且出色地完成，因为这是你的关键触点时刻，领导需要你的支持。所谓养兵千日用兵一时，很多人在紧急情况下的应战意识不强，稍微工作量大一些就叫苦叫累、抱怨连连，这样是不可能给领导留下好印象的，也就丧失了和领导并肩作战的宝贵机会。

（2）**挑战时刻**。遇到有挑战的工作，你是往后退缩推掉它，还是愿意挑战自己尝试一番？其实领导在给你布置工作时很清楚这件事对你而言挑战性有多大，一般而言，你接到的有挑战性的工作任务往往是你踮起脚尖可以够得着的。因为你的领导通常得为你兜底，他在做决定之前会做出合理评估，他给你这份工作就是看到你有完成这件事的潜力，所以你尽管大胆地接受挑战，把挑战看作一个闯关游戏，激发自己的兴奋感和刺激感，以高情绪状态应对工作，常常你会收获不少惊喜。一般我们都是在面临挑战的时刻有较大提升，所以请一定珍惜你遇到的挑战时刻。

（3）**挫折时刻**。当你遇到挫折，你是积极面对还是唉声叹气？你是否能从失败中快速学习并成长起来？挫折时刻，领导会考验你的"双复力"，即复原力和复盘力。复原力是指一个人在重大压力下的适应能力和反弹能力，即你经历了挫折和失败后能不能快速恢复到积极状态。复原力是衡量一个人能否担当大任的重要指标。复盘力则是指从完成的项目中做深刻反思并进行优化迭代的能力，它可以体现出一个人的学习能力，如果你在犯一次错后带来十次成功，这代表你的学习能力很强，成长很快，领导也会对你欣赏有加。

（4）**成就时刻**。当项目取得了客户的认可，你该如何表达谢意？要记得多感恩与你并肩作战的小伙伴和领导的指导。成就时刻会体现出我们是否拥有感恩心态，懂得感恩的人会拥有更和谐的合作关系。在团队中，如果有更多的人愿意帮助你成事，你就拥有了领导力，职场晋升自然就是很容易的事情了，所以说感恩能力是领导力的重要组成部分。"保持一颗感恩的心"这句话绝对不是鸡汤。

飞飞点点头，同时内心感慨："难怪对方能迅速晋升，高手不愧是高手。"

"可能很多人会觉得接触点管理是一种小心机，其实不然。同样一件事情，当你用对方认可的方式去呈现，不仅减少了对方的担忧，还能降低沟通成本，提高工作效率，并且你的付出也能更直观地被对方看见，形成正面反馈，从而获得更多的机会。一举多得，何乐而不为？我们唯一需要的就是保证质量，而不是做华而不实的表面功夫。"同事补充说。

"是的，"飞飞表示认同，"而且感觉不仅仅是职场，在生活中也可以用到。我们平常和家人相处的机会太少了，如果能进行接触点管理，在一些关键时刻或家人在意的事情上主动陪伴和沟通，也能减少他们的担心。"

"不错，能举一反三进行经验迁移了。"同事向飞飞竖起大拇指，"你说得对，其实咱们陪伴家人也一样，家人也并不是每时每刻都需要咱们的守候，如果她们在意的几个关键点我们都做到位了，家庭关系自然也就会和谐很多。"

接触点管理：看看你是哪一种

	被动姿态	主动姿态
内心戏	展现自己 = 耍心机 干好自己的活就行，领导总会看到我的付出	展现自己 = 资源利用 既然都已经做了，就要做到最好，我的优秀应该被看到
画面 1	做了很多活，但领导不知道，甚至领导追问时才汇报，不仅自己委屈，领导也没有安全感	做过的事情主动汇报，事事有结果，件件有回应，促进双方沟通，建立对彼此的信任
画面 2	有汇报但抓不住重点，领导关心的听不到，还可能错过重要信息，让机会流失	主动凸显领导关心的点，提高双方沟通和工作的效率，以赢得更多机会

教练三问

❶ 以往在工作或生活中，你给别人传递了怎样的印象？这些印象是如何形成的？

❷ 你希望自己在领导 / 客户心目中是一个具备什么特质的人？请找出 3 个核心关键词。

❸ 你可以通过管理哪几个关键的接触点，向你的领导 / 客户传递你期待他们认可的品质？

职场 生存卡

接触点管理

认知重塑

职场不必面面俱到，好钢用在刀刃上。

高手支招

管理接触点，把握每一个关键节点。

接触点管理工具

对方认可的品质

接触点设计

做好4个关键时刻的接触点管理，升职加薪不再难

- 紧急时刻
- 挑战时刻
- 挫折时刻
- 成就时刻

空谈自律没意义，只找自己的规律
——回归自身

唯有你的愿景才能够激励自己。

——欧白恩

  飞飞立了一个 flag（旗帜），决定每天早上六点起床学习，然而就像大家所说的，"flag 就是用来打破的"，没坚持 3 天，飞飞就从一开始的兴致勃勃、准时起床，到每天七点八点甚至九点才起床，总觉得自己睡不够，也总觉得自己明天一定可以早起，当然，真实情况是明天可能更晚……

  为了督促自己起床，飞飞还付费加入了同事推荐的早起打卡群，看着同事哪怕前一天晚上加班到凌晨，第二天依然能准点打卡，一瞬间飞飞觉得自己好失败呀。

"为什么你们可以如此自律和优秀？"飞飞问同事。

"我没有觉得早起很难，就像我羡慕你可以轻易做到不吃热量高的零食一样，这在我看来也是自律。"同事说，"很多时候，我们看到的自律都是对方形成自己规律后所呈现的结果。所以我一直认为，真正的自律不是简单地自我约束，当我觉得自律很难时，不是因为没有自律，而是因为还没找到自己的规律。"

1. 自律是"我想要"，不是"我应该"

"你说真正的自律不是自我约束，那你觉得什么才是真正的自律呢？"飞飞问。

"自律是不受外部刺激和干扰，自动自发地真心想做一件事，同时一以贯之，形成习惯。自律的本质是回归己身，找到内心深处我们真正向往的东西。只有我们真正想要，才会促使我们的行为发生改变，进而形成我们自己的规律和节奏。"同事回答。

"可是我也想早起呀，但好像并不能让我的行为发生改变。"飞飞质疑。

"你可能把'我想要'和'我应该'弄混了，你可以回忆一下，在每天早上闹钟响起的一瞬间，你的真实感受是什么？是我想起床了还是我应该起床了？"同事反问飞飞。

"好像，确实是我应该起床了。"飞飞想了想，小声回答。

"是吧，这里面我觉得很重要的一点，也是我们很容易弄错的一点就是：自律是'我想要'，而不是'我应该'。'想要'

发自内心，是我们内心深处所向往的；而'应该'发自大脑，容易受外在因素的干扰。所以，自律的第一步就是找到我们内心深处的'想要'。"

2. 把想要画面化，激发情绪内驱力

"明白了，"飞飞点头，"找到想要是第一步，那第二步呢？"

"第二步是把想要画面化。自律是指向行动的，没有行动的想要只是空想。而如何让我们的想要去推进行动则是第二步所要解决的问题。"同事回答并补充，"人的行动是由大脑控制的，如果说第一步是从心，那么第二步就是通过具体画面把脑和心连接起来，让大脑有更明确的感知，从而激发情绪的内驱力，促使我们去行动。比如，如果你早起学习的'想要'是成为一个优秀的人，对于这样一个笼统的'人'，大脑是很难感知的，而且每个人对优秀的定义都不一样，因此我们需要给它一个更具体的描述或画面。"

想要 + 行动 = 自律

想要 + 0 行动 = 空想

"有道理，那怎么把想要画面化呢？"飞飞问。

"把想要画面化有两种方式。"同事说。

一是英雄画像，即找到自己的榜样，这个榜样可以是我们生活中尊崇的人，也可以是明星或其他我们内心虚构的人物，

但需要有明确的画像。

二是愿景激励，即你能预测当你实现你内心的想要时，你会获得什么，或者你将会是一个怎样的状态。

3. 寻找关联点，让想要变成行动

"是的，当我脑海中有一个具体的榜样或画面时，我的动力确实会更大。"飞飞表示认同。

"当我们有了想要，同时也获得了动力，下一步就可以寻找'想要画面'和'将要持续的事情'之间的关联点，让想要真正地变成行动。"同事说。

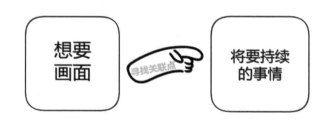

"找关联？"飞飞表示疑惑。

"比如，成为一个你所认为的优秀的人和你早起的关联是什么？利用早起的时间，你想要发展哪些优秀特质？或者说，你早起具体想要学习什么？当然，我只是简单地举例，我相信这其中的关联点你肯定可以找出很多来。"同事解释道。

"此外，在找关联点时，有两个方面也需要注意：一是时间的匹配，这个很好理解，比如早起，有的人晚上十点休息，有的人凌晨还在工作，如果都要求五点起床那肯定不合适；二是状态的匹配，有的人其实适合晚上学习，早起会没精力，那么早上就可以安排一些健身运动来唤醒精神。自律的过程中，我们需要不断优化自己时间段的配比，动态地进行平衡调整。"同事提醒。

4. 切割里程碑，形成肌肉记忆

"明白了，那当有了具体的行动，是不是就可以做到自律了？"飞飞问。

"不完全是，如果把自律比作建房子，现在只能说是打好了地基，想要拥有属于自己的美丽小屋，我们还得不断地添砖加瓦。自律的最终是形成自己的规律，是一个长期坚持的过程，一两次的行动是无法称之为自律的。"同事回答。

"可是长期坚持一件事情真的很难，我一听到'长期'二字就害怕。"飞飞说着还抖了抖。

"其实这也是有方法的，我可以教你两种方法。"同事说。

一是切割里程碑，即把自律这段里程切割开来，越细越好，越简单越好，让每天的任务简单到不可能失败为止。建房子是一个大工程，很累，但如果我们每天只是往上加一块砖，是不是就变得很简单？早起也如此，如果我们每天早起只是要求自己在 6 点睁开眼睛坐起来，是不是感觉要好很多？

二是固定日程表，即把每天要做的事情固化到日程表中，这样可以形成肌肉记忆。确定每天"加砖"的时间，并把时间固定下来，一段时间后，肌肉会自动告诉我们该"加砖"了。就如 6 点起床学习，将具体什么时间点来学、学习多久固定下来，形成肌肉记忆后，让肌肉来提醒我们。

5. 及时反馈，建立自律正循环

"这样看来确实会简单很多，我觉得我又可以了。"飞飞高兴地说。

"那是，再教你一招：通过写复盘日记及时进行反馈，会让你更有信心。"同事笑着说，"及时地反馈可以给我们补充能量。我们做着一件事情，时间太久后可能会忘了初衷，而且因为不断重复，很容易变成任务清单模式，更不知道自己已经走到了哪里。这时就需要及时给自己进行反馈，一是让我们保持清醒，二是当我们的每一点进步都被看到时，会获得持续坚持的动力，从而建立自律正循环。"

"当然，除了写复盘日记，也可以采用其他反馈形式，重要的是学会反馈。"同事补充道。

"明白，生活需要仪式感，自律也是。"飞飞笑着说，"我要把你说的都记下来，然后搭建属于我自己的自律小屋。"

找到规律：看看你是哪一种

被动姿态 　　　　　　　　　　主动姿态

	被动姿态	主动姿态
内心戏	自律 = 约束自我 自律是压抑自我，我们需要控制自我的欲望才能做到自律	自律 = 找到自我 自律是探寻自己内心真正的追求，是为了获得更多的自由
画面1	想要每天早起，早起后又不知道做什么，浪费了时间和精力	知道自己想要什么，为了内心的目标而早起，每一天都很充实
画面2	flag立了又倒，倒了再立，想法只停留在想的层面	确定自己内心真正想要什么后，设置里程碑，固定日程表，一步一步地实现所想

教练三问

❶ 回顾过往，你坚持最久的一件事情是什么？是什么在推动你？

❷ 闭上眼睛深呼吸，想象现在的你就是十年之后的理想中的自己，你在干什么？和谁在一起？画面里的你是什么状态？如果十年后的自己对现在的自己提一个建议，你觉得应该是什么建议？

❸ 如果现在就开始行动，你打算建立一个怎样的微习惯？

职场 生存卡

回归自身

认知重塑

真正的自律，不是自我约束，而是找到自我的规律。

高手支招

找到自己的节奏，并一以贯之。

1 找到内心深处的想要
（注意：想要≠应该）

2 把想要画面化，激发情绪内动力
（方式：英雄画像+愿景激励）

3 寻找关联点，让想要变行动
（注意：时间和状态匹配）

4 切割里程碑，形成肌肉记忆
（方式：里程碑越简单越好，固定日程表）

5 及时反馈，建立正循环
（方式：写复盘日记）

为什么即使不"摸鱼"，效率还是这么低
——深度工作

成功的人也是平凡的人，只是多了一份专注。

——马克·吐温

公司最近加班的人比较少，下班时间一到，办公室的人走的就差不多了。看到依然埋头工作的飞飞，同事不禁问："飞飞在忙啥项目呀，感觉你最近经常加班，很忙吗？"

"别说了，白天不是一直在和客户沟通海报的事情吗，也不知道他们怎么想的，一张海报居然能改一下午。虽然我只负责对接，但一直有零零碎碎的事情需要处理，时不时地被打断，害我到现在才有精力处理自己工作上的事情。有时候真恨不得自己有三头六臂，这样我就可以工作、学习、娱乐都不耽误了。"
飞飞突然抬头问同事，"你的活儿都干完了吗？明明咱们一起
开会、一起讨论，为啥你这么高效？这不科学啊。"

看到飞飞满脸"你肯定有三头六臂"的神情，同事笑着说：
"我忙完了，但没有三头六臂，我是通过沉浸式地深度工作来
提升工作效率的。"

1. 集中注意力 ≠ 专注

"什么是深度工作？"飞飞表示好奇。

"卡尔·纽波特在《深度工作》一书中提到：深度工作就
是在无干扰的状态下专注于职业活动，使个人的认知能力达到
极限。这种努力能够创造新价值，提升技能，而且难以复制。
简单地讲，深度工作就是让自己排除一切干扰，只专注于工作。"
同事回答。

"专注我知道，不就是集中注意力吗，可是我也没开小差呀，
总觉得时间过得超快。"飞飞说。

"深度工作不是简单地集中注意力，没开小差并不代表你
在专注地工作。我们内心的杂念其实也是一种干扰，就像人很
难一心二用，如果杂念太多，那么工作的效率就会降低，这比
外在的干扰影响更大。"同事解释。

2. 以终为始，减少内在干扰

"好像是这样，那怎样破除这种干扰呢？没有杂念，感觉
很难做到。"飞飞点头并追问道。

"当一个人进入心流状态时，其实就很难受到其他因素干扰。但就像你说的，一个人想要进入心流状态确实不容易，我一般采用两种方式。"同事回答。

一是以终为始，界定目标。我会结合当下的实际情况，树立明确的目标，同时会幻想：当自己达成这个目标之后会获得什么，或者会达到一个怎样的状态。当碰到挑战性比较大的工作时，我还会特意给自己设定一点奖励。比如，今天我就和自己说，如果我能在下班时间准时完成工作，就奖励自己去看一场电影。我一直相信，当我们的贪心足够大、欲望足够强烈时，我们内心其他的杂念自然会减少。所以从这个角度来讲，深度工作其实是内心深处贪心的求索，当我们明白自己要去哪里时，走得就会更坚定，也更容易进入心流状态。

二是给大脑做减法，设计深度工作清单。我会提前设计好工作清单，完成一项划掉一项，这样可以帮助我的大脑减负，就不用总想着还有什么工作没干完、下一个阶段要干什么，我可以在完成一项工作后迅速进入下一项工作，保持心流的状态。

更重要的是，当我结束一天的工作，看到纸上列出的任务都完成时，会收获满满的自豪感。

3.　物理隔离，排除外在干扰

"当然，除了内在干扰，外在干扰有时候也很烦人。就比如你说的这种情况，为了更专注地工作，我会进行物理隔离，就是在某一个时间段内各聊天软件完全离线，手机设置飞行模式，不回消息，更不受其他网络信息的干扰。对于这些事情，我会安排统一时间集中处理，这样时间就不会变得很零碎。"同事补充说。

4.　满足好奇心，迸发创新潜能

"明白了，以终为始，进入心流状态，物理隔离，排除外在干扰，确实可以尝试。但我还有一个问题，如果一个人长期处于这种状态，不会觉得枯燥和累吗？如果换成我，肯定坚持不了。"飞飞继续追问。

"不会。"同事肯定地说，"我们可以把人的好奇心看成一个 T 形，平常都是在横向探索，当我们沉浸式地深度工作时，则是在纵向挖掘，同样会获得新知，所以枯燥其实是不存在的。而且在职场的环境中，纵向挖掘可以让我们迅速地掌握一项技能，解决工作中的难题，同时可以激发我们的创新潜能，以创造出更多的价值。"

5. 提高效率，提升职场获得感

"至于你说的'累'，深度工作是职场'内啡肽'的制造者，可以提升我们对职场的满意度和幸福感。"看到一脸茫然的飞飞，同事解释，"内啡肽是人体内的一种激素，类似于多巴胺，能让人感到欢愉和满足。但它必须有一定的运动强度和运动时间才能产生，这也是在运动后感到心情舒畅的原因。在职场中，当我们把注意力全情地投入到工作中，较长时间高度专注地做一件事时，可以提高我们的工作效率，让我们更快地拿到成果，提升职场的获得感。

"当然，如同每个人所能接受的运动强度和运动量都不一样，每个人的深度工作时间也是有上限的，需要适当地放松和休息，所以要安排足够多的时间来恢复精力。"同事提醒道。

"明白了，就像科学家不会觉得研究工作枯燥一样，深度工作是一个不断向内探索的过程，而且还能提高效率，提升我们的职场自信心和满意度。"飞飞表示认可。

"是的，不和你说了，我准备去看电影啦，明天见。"同事欣慰地点头，表示要去兑现对自己深度工作的奖励。

看着愉快地跑向电梯的同事，飞飞发誓：从现在开始，我也要锻炼自己深度工作的能力，争取每天不加班。

深度工作：看看你是哪一种

被动姿态　　　　　　　　　　主动姿态

	被动姿态	主动姿态
内心戏	**集中注意力 = 专注** **工作效率低是因为有他人干扰，无法集中注意力**	**集中注意力 ≠ 专注** **工作效率低是因为有外部干扰，但更主要的是内心杂念的干扰**
画面 1	一边处理手头的文件，一边关注手机，时不时地回复消息	放下手机，集中处理文件，然后再统一回复信息
画面 2	为排除外部干扰因素，找到一个安静的环境写文章，思绪在脑子里飞扬，却半天都没有动笔	把注意力集中到文章上，制订明确的目标，控制写作时间，即使是思路也要先写下来，先完成后完美

教练三问

❶ 如果 10 分代表非常专注，1 分代表注意力分散，你给自己工作时的专注度打几分？

❷ 你觉得是什么阻碍了你的专注深度？

❸ 为了使自己从现在开始变得更专注，你的第一个关键行动是什么？

职场　　生存卡

深度工作

认知重塑

深度工作不是集中注意力，
而是内心深处贪心的求索。

高手支招

以终为始，排除内外干扰；
心流所向，迸发创新潜能。

让自己排除一切干扰，只专注于工作

排除内在干扰

1. 以终为始，界定目标
2. 设计深度工作清单

排除外在干扰

进行物理隔离，某个
时间段内完全离线

1. 满足好奇心，纵向探索，迸发创新潜能
2. 提高效率，提升职场满意度和幸福感

第三章

问题＝机会

状态不对了，怎么办
——拥抱迷茫

大疑则大悟，小疑则小悟，不疑则不悟。

——朱熹

　　飞飞很喜欢目前在广告公司的创意工作，但看着周围的同学都进入互联网广告公司，她又有些担心，因为她所在公司的主体业务和广告其实没有太大的相关性，她不知道自己的选择是否是对的。对于未来，飞飞陷入了迷茫，工作的状态也不对，不仅效率低，还总是出岔子，犯一些低级的错误。

　　或许是看到了飞飞这两天的心不在焉，飞飞的领导特意约了她谈话，问她最近的状态怎么了。

"最近我有点迷茫，不知道以后要干什么，我知道这种状态不对，但就是走不出来。我也想摆脱这种状态，专心工作，可是我越想摆脱，反而越焦虑。"飞飞低头说。

1. 不一定非要摆脱迷茫才能好好工作

"为什么一定要摆脱迷茫才能好好工作呢？你知道吗，其实迷茫本身并不可怕，可怕的是我们对迷茫的恐惧，那才是让我们停滞不前、焦虑、彷徨的罪魁祸首。"

领导说完，看着一脸茫然的飞飞，继续道："每个人都会有迷茫期，在迷茫期内，你可能会对自己的未来产生质疑，会犹豫不决，变得没有安全感，这些都是正常的。迷茫就如人生路上的一阵迷雾，它会阻碍你的视线，但不会束缚你前进的脚步，如果你由于恐惧而踟蹰不前，那么迷茫将是你人生道路上最大的阻碍。"

2. 适度迷茫是成长赠予我们的礼物

迷茫是成长的礼物

"而且，从另一个角度讲，迷茫也会给予我们一次抬头看路的机会。习惯了快节奏的我们，总是在不断地向前奔跑，适当的迷茫则能让我们有时间停下来，去反思自己的生活、正视自己的现状，仔细思考未来到底要怎么走，重新确认前进的方向。所以，迷茫应该是成长赠予我们的礼物，因为迷茫，所以才会想去探索，因为探索，才能创造更多可能。"领导补充说。

飞飞若有所思地点头："明白了，原来迷茫并不可怕，是我自己太在意了。"

"是的，但这里有一个大前提，应该适度的迷茫。如果一个人长时间沉浸于迷茫之中，找不到方向，那么他最终会迷失自己。毕竟人的一生很短，如果你还要花费几年的时间来迷茫，等你有心改变时可能已错过了最佳时间。"领导补充道。

"那怎样才能让自己不沉浸于迷茫中呢？感觉这不是我们自己能控制的。"飞飞追问。

3. 摆脱迷茫的妙招

其实很简单，当你觉得自己陷入迷茫时，可以利用如下三招摆脱迷茫。

（1）立足当下，做你觉得对的事情，在做事过程中寻找答案。

想象一下，你陷入浓雾，四周都是灰蒙蒙的，看不清前进的方向。这时候最好的方式不是去寻找那看不清的远方，而是将视线收回，聚焦于脚下，一步一个脚印地往前走，总能走出迷雾。

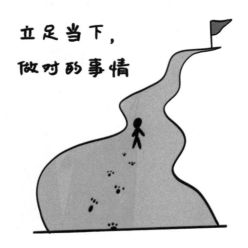

立足当下，
做对的事情

因此，当我们陷入迷茫时，不需要刻意地寻找方向，只需要在自己能力范围内把事情做到最好。不知道未来要做什么，那就先立足当下，把目前的工作做到最好。觉得工作没有意义，那就去锻炼身体，无论怎样，保持健康总是没错的。

当你不断地获得成果时，你就会变得越来越自信，你的影响范围也会因为你的行动而不断扩大，答案自然也会出现。

（2）寻求他人的帮助，找到自己的标杆。迷茫是一阵雾，除了依靠自己努力走出来，还可以借助外力，将雾吹散。

当你陷入迷茫时，不一定需要自己一个人慢慢摸索，可以寻求信任的长辈的帮助，或者和你这个领域里面优秀的人聊聊

天，看看他们是怎么做的。

虽然自己走出来的路独一无二，但其实很多路都已经有人尝试过了，跟着他们的步伐，或许你可以走得更快，能走得更远，少走很多弯路。

（3）**学会和迷茫共处，在迷茫中积蓄力量**。人生是不断变化的，迷茫是变化的产物，是每个人在一定阶段都会遇到的现实问题，并不是你着急就能走出来，害怕或焦虑只会让迷雾壮大。

我们要学会和迷茫共处，把迷茫当作一份成长的礼物。虽然我们没有"钥匙"，但我们可以先接受它，带着它一起往前走，不断积累能量，只有这样，才能在找到"钥匙"的那一刻，打开属于我们自己的"宝藏"。

　　"如果想不清楚未来要做什么，那就先不要想，把手头的事情做好再说。未来的事情谁也看不透，我们能把控的是现在，只有在当下不断积蓄能量，当变化或机会来临时，才能更从容地应对，并抓住机会，不断成长。"领导看着飞飞说。

　　飞飞点头表示明白："是的，迷茫并不可怕，在迷茫中依然可以成长，而且从另一个角度来说，迷茫也是在提醒我们很多事情还不完善，考虑得还不全面，需要我们进一步挖掘。把迷茫当成礼物，未来将拥有无限探索的可能性。"

拥抱迷茫：看看你是哪一种

被动姿态　　　　　　　　　　主动姿态

	被动姿态	主动姿态
内心戏	迷茫是成长的阻碍，因为迷茫，所以才停滞不前，必须尽快摆脱迷茫	迷茫是成长的礼物，人在迷茫中依然可以成长，迷茫让未来拥有更多探索的可能
画面1	陷入迷茫后不敢向前，执着于摆脱迷茫，获得答案，结果越陷越深	陷入迷茫后立足当下，做好能做的每一件事，一步一个脚印，最终走出迷茫
画面2	陷入迷茫后，为了战胜迷茫，找各种事干，学新技能、立大目标，浑身插满了flag，结果什么都做不好	陷入迷茫后，正视自己的现状，从自身能力出发，分解目标，并付诸行动，获得成果，不断坚持，形成良性循环

教练三问

❶　如果迷茫是一份重要的礼物，打开这份礼物后，你会得到什么？

❷　对你而言，最重要的东西是什么？尝试排列它们的优先级次序。

❸　哪些限制性信念正在阻碍你的发展？

职场 生存卡

拥抱迷茫

认知重塑
迷茫不代表无法进步，相反它是成长的礼物。

高手支招
立足当下，在迷茫中积蓄力量，
突破自己，获得成长。

不想沉浸于迷茫，可以用这三招

立足当下
做对的事情

寻求他人的帮助
找到自己的标杆

学会和迷茫共处
在迷茫中积蓄力量

没有打怪，哪来的升级
——挖掘机会

机会对于不能利用它的人又有什么用呢？正如风只对于
能利用它的人来说才是动力。

——西蒙

　　近期公司需要完成一个近百万的活动项目。客户和公司都
很重视，为保证活动顺利进行，整个部门都在加班。

　　活动当天早上，大家再次确认各项细节无误后，安心等待
活动开始。突然，负责嘉宾对接的飞飞接到电话，说原本安排
开场致辞的领导临时有紧急事务，无法出席现场，需要替换为

另一位领导，目前另一位领导正在赶来现场的路上。飞飞第一次参与这种大型的活动，瞬间有点懵，距离活动正式开始只剩半个小时了，她不知该怎么办才好。

"刚刚突然接到消息，说开场的致辞嘉宾来不了现场了，我之前和对方多次确认都没问题，现在临时更换，也不知道来不来得及。"飞飞着急地和领导反映情况。

领导迅速召集大家，征求解决方案，力争把对活动的影响降到最低。此时负责整个活动统筹的同事了解相关情况后，和领导保证活动会顺利进行，并立即进行协调安排。

同事让飞飞别慌，先去确认替换领导的姓名、致词主题及到酒店的具体时间，并安排人在酒店门口接应，以保证领导一到酒店就被接到会场，同时迅速安排物料组打印并替换领导桌牌，对接主持人调整主持词，并让会议现场后台人员调整串场PPT。最后，在会议开始前 2 分钟领导到达会场，主持人正常宣布会议开始，活动顺利进行。

看到同事有条不紊地将事情解决，飞飞长舒一口气，同时也发自内心地佩服她。对方比飞飞早入职一年，一年时间她就从项目助理升职为项目经理，并且还有上升的趋势。好像就没有她解决不了的事情，每次遇到问题，别人慌张无措，她却激动兴奋，并能迅速找到解决办法，从容不迫地应对困局。

活动结束后，带着这股钦佩之情，飞飞向同事提出了疑惑："你好厉害，为什么每次遇到问题，大家都避之不及，你却能像打了鸡血一样把问题解决？"

1. 从机会视角看问题，让你遇到问题不再焦虑

没想到飞飞会问这个，同事想了想后说："感觉大家看待这些问题的角度不一样，一般情况下，大家遇到问题，可能会思考为什么会出现这样的问题、怎样解决这个问题、自己有没有能力解决这个问题，大家下意识产生的情绪是担心和害怕，所以才会避之不及。"

"没错，每次一听到领导说有啥问题，我都会很紧张，既担心这个问题出在我身上，也害怕最终会让我来处理。"飞飞疯狂点头。

"那你想过为什么出现问题之后领导会安排你来处理吗？只有当领导觉得你有能力解决这个问题时，才会安排你来处理。"同事说，"我和大家不一样的地方在于，我不会过于关注问题这件事，而会想解决这个问题我可以从中获得什么。对我而言，出现问题从来都不可怕，有问题解决了就好，可怕的是没有问题，毕竟任何事都不是完美的，没有问题则意味着没有进步，需要创新。所以，问题于我而言是一个提升和进步的机会，而问题的解决更需要大量资源的配置和调度，这些资源可以让我创造更多的价值。在职场中，创造价值就意味着晋升，也就是说，这些大家所害怕的问题能给我带来成长和晋升的机会，你说我能不开心吗？"

"如果能换一个角度，把问题看成进步和提升的机会，你也会和我一样变得兴奋和激动。"同事再次强调。

飞飞若有所思地点头，感觉认知再一次被刷新。高手不愧是高手！

2. 做好这三步，将问题转化为机会

当然，知道不一定能做到，想要把问题转化为机会，必须做到以下三步。

（1）保持开放的态度。所谓开放态度，就是当问题来临时，你愿意接受，而不是拒绝或逃避，更不要寻找借口，解释原因。只有直面问题，才能解决问题。你要相信，所有的问题都能找到解决的办法。用客观的态度看待问题，不预设问题造成的后果，以免让自己陷入悲观的情绪，从而错失解决问题的机会。就比如领导临时有事无法出席活动，这是很正常的现象，当务

之急不是问为什么对方没有提前和你说，或者你没有提前收到消息，也不是担心时间来不及，这些都没有意义，我们要做的是在确认领导无法出席后，快速寻找解决方案，把其对活动的影响降到最低。

（2）提前预设问题。在问题没有出现时，先主动想可能会存在哪些问题，这样可以规避一些常规的、不必要的麻烦，

且在真正出现问题时，你也能快速地找到应对的方法，不至于惊慌失措。比如，公司开展活动时，每次必须找附近有打印店的酒店，就是考虑到会议期间会有临时打印物料的情况。这次替换领导，公司同事能在短时间内把桌牌等相关物料替换掉，也是提前考虑到该方面的结果，如果打印店太

远，你想重新制作都来不及。

（3）**锻炼解决问题的能力**。想要把问题转化为机会，重要的是要能搞定问题，因此必须锻炼自己解决问题的能力。在工作中多总结、多思考、多请教，通过寻求他人的帮助获取更好的解决方案。很多职场新人可能不好意思求助于他人，担心会打扰他人，浪费他人的时间，其实完全没必要。我们的最终目的是解决问题，而且这个过程是相互的，他人在帮我们解决问题的同时也是在锻炼自己，我们所能做的是不断地总结和学习，充盈自己，积累经验。当我们拥有了解决问题的能力时，问题将会变成机会。

工作就是不断解决各种问题的过程，你可以尽情地去拥抱问题、解决问题，把问题变成机会，从而飞速成长！

挖掘机会：看看你是哪一种

被动姿态

主动姿态

	被动姿态	主动姿态
内心戏	问题是我不优秀的体现，害怕出问题	出现问题让我发现自己的不足，解决问题让我的能力得到提升
画面1	出现问题后不停地解释原因，甚至寻找借口，逃避问题	出现问题后主动找方法，协调资源，解决问题
画面2	遇到问题后才着手解决，可能惊慌失措，错过最佳机会	提前发现问题，主动规避风险，把功课做在前面，从容应对各种挑战

教练三问

❶ 回顾你曾经成长最快的一段经历，其间发生了什么？

❷ 找一个最近让你头疼的问题，重新审视一下，它可能带来的重要机会是什么？

❸ 如果你一遇到问题就能自动从中寻找机会，你觉得自己是如何做到的？

职场 生存卡

挖掘机会

认知重塑

不要害怕问题，而是去拥抱问题。

高手支招

把问题作为资源，每一次都是机会。

做好这三步，将问题转化为机会

(1) 保持开放的态度。

(2) 提前预设问题。

(3) 锻炼解决问题的能力。

远离问题，反而能解决问题
——高维视角

你无法在制造问题的同一思维层次上解决这个问题。

——爱因斯坦

"飞飞，昨天你的日报是不是又没写，这已经是这个月的第三次了吧。"

"抱歉，昨晚忙，忘记了，稍后我立马补上。"

"嗯，这也不是难事，你随便花个 10 分钟就能写好。"

"明白，主要是最近事情太多、太忙了，我下次调好闹钟，及时写。"

"其实忙碌和忘记都不是理由，哪怕你下次调好闹钟，你也可能会由于其他原因没写。"领导看着飞飞有点紧张的神情，继续说，"当然，我并不是指责你，很多人都会有这样的情况。你可以想想为什么你会忘记写日报，写日报之于你到底意味着什么。我能感受到你其实很排斥写日报这件事。"

"确实有点儿排斥，工作本来就很忙了，还要花时间写日报，感觉有点儿浪费时间和精力。"飞飞小声说。

1. 问题只是结果，归因才能找到答案

"对啊，这才是重点，爱因斯坦曾说：'你无法在制造问题的同一思维层次上解决这个问题。'也就是说，要解决问题，就必须跳出这个问题，在思维上进行升级，否则问题很难得到真正解决。简单地讲，就是要对问题归因，问题只是结果，我们不能从结果上找解决方式，而是要先找到问题产生的原因，再解决问题。

在问题的同一思维层次上解决问题　　　　要解决问题，必须跳出这个问题

"所以，要想真正解决你忘记写日报这个问题，仅靠调闹

钟肯定不行，你必须在认知层面上改变对写日报的看法，不然它只会是一项任务，不断地给你增加负担，你很难做到坚持写日报，也会利用各种各样的理由下意识地逃避写日报这件事，因为你从心理上就没有真正认可它。"领导语重心长地说。

2. 高维视角，去"上三层"找原因

"我知道要对问题进行归因，可是造成一个问题的原因有很多，怎样才能正确归因呢？"飞飞问。

"这是一个好问题，确实，很多时候我们的思维容易被表面现象所迷惑。"领导说。

美国著名的 NLP（神经语言程序学）大师罗伯特·迪尔茨把人的逻辑思维分为 6 个层次，从下到上依次为环境层、行为层、能力层、信念 / 价值观层、身份层与愿景层。其中，环境、行为、能力被统称为"下三层"，是我们每天都要接触的，如工作及家庭环境、面对事情的反应以及我们的知识技能等；价值、身份、愿景被统称为"上三层"，是一个人底层的东西，位于"冰山"之下，却是我们前行的动力。他认为"上三层"决定"下三层"。归因层次不一样，动力系统就不一样，想要真正解决问题，就需要从"上三层"找原因。

"比如写日报这件事，从'下三层'来看，你由于工作忙碌，没有时间，所以忘了写，写日报于你而言只是一个不紧急也不重要的任务，环境原因导致你无法完成任务；但从'上三层'来看，日报其实是与我们的身份相关联的。你是谁？目前你处

在怎样的位置？未来你想成为谁？日报中所记录的事情是不是
与你想要成为的角色相符合？通过日报我们可以及时地反省自
身，不仅能看到一天的成果，增强工作的成就感，更是对我们
行为的一个检核，让我们每天朝着我们想去的方向前进。当你
站在身份层去分析这件事，你会发现日报能帮助你变成你想成
为的那个人，此时你还会拒绝写日报吗？"领导问。

"不会。"飞飞摇头，"哪怕很忙，我也会抽出时间去完成。"

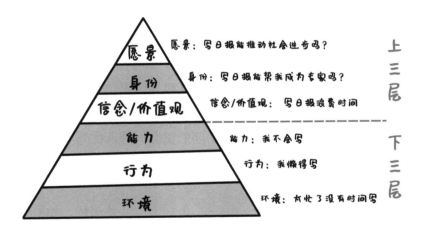

3. 认知是行为改变的开始，要提升思维的层次

"没错，认知是行为改变的开始，当我们的观念发生改变时，
行为也会随之产生变化。在日常生活和工作中，我们可以通过
不断练习来提升我们思维的层次。"领导说。

"怎么提升思维层次呀？"飞飞问。

（1）多在"上三层"考虑问题。遇到问题时，多思考以下
方面：为什么会出现这样的问题？是什么原因导致了这样的问

题的出现？为什么我希望解决这个问题？在这个问题中我想要达到的目标或得到的结果是什么？解决这个问题后我可以获得什么？怎样可以避免问题的出现？如果下次再面临一样的问题，我可以怎样进一步优化，是否有更好的解决方案？等等。对于已经产生的结果，我们不解释，也不批判自己的行为，更不抱怨身处的环境，而要回到问题的本质，排除环境、行为、能力等因素的影响，直奔问题根源。

比如写日报，你不必想着怎样才能不忘记，而是先去思考为什么会忘记写日报、为什么公司会要求写日报。

（2）突破圈层，和厉害的人交流。虽然说"上三层"决定"下三层"，但人的认知也会受到环境等因素的影响，如果身处一个封闭落后的环境，你再怎么努力，也无法改变自身思维的局限。因此，我们要多尝试不同的机会，进入优秀的圈子，和厉害的人交流，充分利用周边的资源，帮助我们打破认知的局限，突破现有的圈层。

（3）拉长时间线，从长远角度看问题。一件事情，如果我们加入时间的维度，拉长时间线，视角可能会完全不同。可以把你觉得当下重要或不重要的事情，放到你的年度计划或者你的个人成长历程中看，这样能帮助你转化视角，提升思维的层次。很多事情可能只是由于时间紧急，我们才会觉得重要，但拉长时间线去看，对于我们的整个成长来说，这些事情可能并没有什么帮助。相反，有的事情虽然时间不紧急，看起来可做可不做，但对于我们个人能力的提升却有无法忽视的作用。我们真正要关注的是那些看起来微小但重要的事情。

"清楚了，紧急的事情不代表是重要的事情，我要学会从长远的角度看问题，做事多问几个为什么，不要碰到事情就只想该怎么解决。"飞飞说。

解决问题：看看你是哪一种

被动姿态　　　　　　　　　主动姿态

内心戏	方法比原因重要，遇到问题就应该找方法解决	想要解决问题，归因才是根本，办法是归因的产物
画面1	遇到问题就想办法解决，并不停地尝试各种各样的方法，结果总不理想	遇到问题先分析原因，从根本上找答案，做到一步到位
画面2	不敢面对问题，出现问题后给自己找理由，逃避问题	出现问题后直面问题，主动复盘，分析问题产生的原因，从而解决问题

教练三问

❶ 当你遇到问题时，你通常是在"上三层"还是在"下三层"思考原因？

❷ 是什么阻碍你用高维视角看问题？

❸ 挖掘周围的资源，你怎么提升自己的认知？

职场 生存卡

高维视角

认知重塑

每一个问题都不是偶然的，只有跳出单个问题，才能真正解决问题。

高手支招

将问题归因，提升思维的层次。

如何具备高维视角？

多在"上三层"考虑问题

突破圈层
和厉害的人交流

拉长时间线
从长远角度看问题

第四章

被忽视的三大硬核技能

大神助攻的秘密
——搜索力

如果说我比别人看得更远些，那是因为我站在了巨人的肩上。

——牛顿

公司想为新开发的产品举办一场线上发布会，一方面可以规避各种不便，降低成本；另一方面可以把产品信息快速、准确地传递给消费者。于是，领导让飞飞策划一场针对公司这款产品的个性化线上发布会。

飞飞开始动手在网上搜集参考资料，但要么搜索不到，要么搜到的是千篇一律的模板。这下飞飞犯难了，从来没有接触过这类项目，要怎样才能在自己不具备经验的情况下，通过搜索和总结快速地做出一个高质量的策划方案呢?

飞飞想起同事总能在短时间内快速、有效地搜索到需要的信息,偏过头问:"你是怎么在短时间内找到这么多有用的资料并做出决策的? 我连资料都搜集不到,可以传授一下经验吗?"

同事笑了笑说:"搜索其实也是一种能力,想快速找到你想要的信息,需要不断锻炼,提升搜索力。"

"搜索力?"飞飞表示没听过。

1. 搜索力:一项重要的底层思维能力

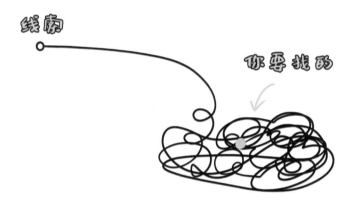

搜,即寻找;索,则是线索的意思。搜索力即寻找关键信息,并把零散的信息快速组接、关联的能力。它是一项重要的底层思维能力,也是一项重要的职场技能。

"很多人以为搜索力微不足道,只是一种上网查资料的能力,其实不然。你可以把搜索看成解决问题的起点,人与人之间的差异并不是因为能力和资源的差距，而是因为信息不对称，这时，搜索力就尤为重要。学会搜索，就不用摸着石头过河。同时，你对信息的检索能力直接决定着你的工作效率，如这次的线上发布会，要做出决策，就必须先获取高质量的信息。只有搜索能力强的人，才能在海量信息中挑选出重要的内容，并根据这些信息去思考，做出正确的决策。"同事解释。

"我明白了，那么如何才能在不具备任何经验的情况下通过快速搜索解决问题呢？"飞飞继续问。

2. 结构 + 要素，明晰搜索目的及需求

"很多人在搜索时容易陷入信息的海洋，忘记自己本来的目的，像一只无头苍蝇一样，没有目标和方向。因此，拿到任务后，我们需要时刻谨记自己的目的是什么，带着问题搜索信息。"同事说。

飞飞不太理解，问道："道理我都明白，但具体应该怎么做呢？"

同事耐心地解答："比如，你对线上发布会不熟悉，想在网上查找资料，在搜索之前就要明晰目的，确定搜索的思路。带着问题去搜索答案，更能提高敏感度，快速捕捉信息，找到问题的答案。一般来说，搜索的时候我会重点关注两个方面。"

一是结构。 当陷入千篇一律的模板时，我们可以不限定主题，通过跨界搜索，了解发布会的流程，如日程、时间、地点、人物等各个流程需要怎么安排。在这种情况下，形式比质量更重要，只有清楚流程，才能快速地进行信息的整合，打造属于

我们自己的东西。

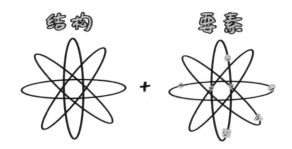

二是要素。在搜索时，我们经常会在信息洪流中迷失方向，在这种情况下，我们可以根据任务的各个要素进行搜索，以保证有一个明确的方向。比如这次的发布会，我们搜索的重点可以放在科技类的元素和风格上。

3. 深度＋广度，打开搜索的思路

飞飞按照同事所说的方法进行搜索，发现有用的信息还是寥寥无几。飞飞疑惑："为什么我按照您的思路去搜索，还是找不到有用的信息呢？"

（1）**搜索要有广度。**搜集资料时，我们常被自己有限的思维所束缚，因此，需要打开搜索的思路，学会从多方面入手，进行多元化搜索。如此一来，我们就能够搜集到更多资料。一般来说，我们可以从以下4个方面入手。

① 破地域。打破地域的局限，参考国内和国外的资料。大家在搜索资料时会重点关注本国的内容，对于国外的资料，由于语言等的限制经常容易被忽略。其实国外有很多前沿的信息和资料，两者结合思考，不仅可以拓展参考面，还可以开阔眼

界，摆脱既有思维的束缚。

② 多类型。大多数人提到查资料时都会说"问百度"，其实不然。术业有专攻，搜索也如此，很多资料不能仅凭百度得来，专业的资料会有专门的渠道。此外，不同的搜索引擎的侧重点也不一样。我们可以多留意、收集一些搜索的途径，如国家统计局、微信公众号、知乎等，不同类型的资源可以分别通过不同的网站进行查找。

搜索类型	搜索网站	优势	缺点
简单的、定义性的问题	百度	权威	有官方，不适用于观点输出
专业性强、复杂的、需要探讨的问题	知乎	小众知识，专业性强，受众群体学历平均水平高	观点输出多，不一定正确，且较为情绪化
图书类、影评类	豆瓣	文艺青年聚集地，评价和评分较为真实，可信度高	更新频率低，内容较为杂乱
学术类	文献部落、知网	知识、技术和经验的分享平台，有大量学术资源，涵盖国内外知识库	更新速度慢
数据类	国家统计局、中国互联网络信息中心、美国统计署等	权威，据无准确，可信度高	更新速度慢，小众的、较为敏感的信息很难搜索到

③ 跨行业。搜索时不要局限于本行业，可以跨行业进行搜索，以协助梳理解决问题的思路，让你的思路更加清晰、有条理。比如，想要搜集更多关于如何策划这场发布会的资料，我们不

应该局限于公司的产品领域，可以搜集画展策划、美妆产品发布会策划等资料，找到关于发布会的共通点，从而完善你的产品发布会方案。

④ 找专家。俗话说得好：前人栽树，后人乘凉。遇到问题时，寻求周围有经验的人或专家的帮助，是最省时、省力的方法。我们可以更快捷地了解事情的关键步骤，知晓存在的"坑"有哪些，知道应该如何预防，从而找到解决问题的关键点。但必须定期学习，以增加自己的知识面，拓宽自己的人际关系。比如，你至少得对自己的行业有一定的了解，掌握行业的相关情况，如谁是行业内的"大咖"等，才能快速找到借鉴方向。

尽管这个方法很有效，但也有一定的弊端。大部分人遇到解决不了的困难时，二话不说就请教别人，导致自己的动手能力和思考能力都停滞不前。因此，在对外搜索的过程中，最重要的是思考，把请教来的经验消化为自己的，保存在自己的信息库中。

（2）**搜索要有深度。**"你写毕业论文的时候应该会发现，学会查阅文献资料很重要。许多人查阅资料的能力不高，就是因为他们忽视了内容备注、参考资料、文献综述等部分，但其实这些都是信息的重要来源。

"我们要学会通过这些'微不足道'的细节进行关联搜索。当我们难以根据某个关键词查找到相关资料时，就得学会换个方向，将关注点投向与它相关联的内容，依托已经搜索到的内容里面的关键词进行再搜索。这就像挖花生一样，当你找出一个花生（关键点），那么跟着这个花生，你将会找到更多相互串联的花生。

"以你搜索到的这篇关于发布会的文章举例，我们可以留意 3 个方面。

"一是搜文章内的关键词。这篇文章告诉了我们发布会的流程和注意事项，但我们必须进一步了解各个要素，才能策划出符合公司项目需求的个性化的发布会。我们可以根据关键词进一步搜索发布会的人员安排、如何布置发布会场景、如何确定发布会的活动目标、如何扩大发布会的传播力和影响力等。

"二是搜作者。我们还可以搜索这篇文章的作者，看看作者的其他内容或作品，或许会发现更多该作者关于这个领域的意见。

"三是搜推荐的信息源。在文末，你会发现有的作者会写明他的观点出自哪里，或者列出他的参考资料来源，我们可以根据作者提供的这些信息源进行更深入的搜索。"

听完同事的建议，飞飞若有所思，在浏览器敲入检索词条。

同事一边看一边提醒："注意，机器和人的思维是有差异的，机器更刻板。所以我们在搜索时，要避免口语化的表达，尽量用简洁、严肃的词语描述问题。同时，我们要学会主动搜索，避免被动姿态，如此才能培养良好的搜索力及其思维。"

在心里记下这些技巧后，经过多次搜查，页面上出现了更多有用的信息，飞飞开心极了。

最后，同事还不忘提醒飞飞："搜索是为了参考，绝不能照抄。搜索时形式比内容更重要，要多看结构，关注内容、元素的组合方式，只有了解结构、整合信息，才能找到问题的真正解法。"

飞飞点点头说："我明白了，最重要的还是形成搜索资料的思维，利用搜集到的内容建立并形成自己的信息库。"

搜索力：看看你是哪一种

被动姿态　　　　　　　　　　　主动姿态

内心戏	搜索就是简单的信息查找和复制，每次搜索都是大海捞针，完全靠运气	搜索是对信息的提炼和整合，通过整合可以进行精准搜索，快速找到自己所需要的资料
画面 1	毫无头绪地直接请教他人，照搬他人经验	提前了解相关信息，在脑海里形成思考，梳理清晰后再去询问，并在事后进行总结
画面 2	没有形成自己的思考，照抄资料	学会整合信息，把精华保存在自己的信息库中，形成自己的个性化模板

教练三问

❶ 搜索的目标是什么？你如何知道自己已经达到目标？

❷ 如果搜索是一盏探照灯，还有哪里没有被照亮？

❸ 你如何在搜索过程中将一个个新出现的小灵感放大？

职场 生存卡

搜索力

认知重塑

搜索不只是简单地查资料，
更是对信息的快速整合。

高手支招

从广度+深度两方面明晰搜索需求，打开搜索思路。

如何通过快速搜索解决问题？

破地域

多类型

跨行业

找专家

搜文章内的关键词

搜作者

搜推荐的信息源

思维清晰比卖力苦干更重要
——厘清力

只有在认识透彻的时候，才能够说出清晰的、有力的语言。

——秦牧

最近，公司需要给新开发的产品设计一个广告视频，任命飞飞和外部设计师进行沟通，共同促成项目的完成。但是飞飞发现这个过程可费劲了，设计师经常理解不了飞飞需要展现的点，产品的呈现方式、展现出来的效果和飞飞设想得相差甚远。

"视频太长了！观众能坚持看到最后算我输！"

"这样太短啦！产品性能呢？特点呢？这些都没介绍清楚！"

"你这开场方式不太行吧，太平淡了，不够吸引人呀！"

"画面是否可以更高科技一点？"

……

另一边，抓狂的不只飞飞，设计师翻了个白眼："这也不行那也不行，到底要怎样的广告？能不能一次性说具体点！"

最终两人决定各自回去反思一下，考虑接下来怎么做。

"毁灭吧！不管沟通多少次都是这个结果，我真的心累！"飞飞抓了一把瓜子，绘声绘色地和同事重现沟通场景。

听完全过程，同事哈哈大笑，但很快就正经起来："话说飞飞你对这个项目本身有清晰的认知吗？"

飞飞一愣，手中的瓜子也不香了，因为她发现自己很难将项目需求清晰地阐述出来，难道问题出在自己身上吗？

看到这情形同事就明白了："知道并不意味着清晰，真正的清晰是由内而外的行动力。作为甲方，如果不具备强大的厘清力，连我们自己都对问题本身缺乏清晰的认知，又怎么和乙方进行良性沟通，共同推进项目呢？"

飞飞眼珠一转："有道理，那么该如何培养自己的厘清力呢？"

　　"厘清力，也就是把目标细化、具体化的能力。行动力只有在厘清力的支撑下才能得到重构。职场中，如果我们缺乏厘清力，一是会让我们没有行动力，容易造成拖延；二是可能导致做很多无用功，浪费时间、人力和物力，造成吃力不讨好的现象。

　　"在职场中，厘清力涵盖以下 4 个方面。"同事接着解释。

1. 厘清问题——5Why 分析法

　　首先，要厘清问题的本质，区分问题的表象和问题的根本原因。

　　很多时候，我们都只看到问题的表层现象，而不去深究内里，把问题的初步解决方案当成最终目标看待，忽略了本质的原因，以至于总是找不到好的解决方案。就像一片蔫了的菜叶，只有从表象开始层层分析，才能知道问题出在哪里：光照不足？还是根部有虫子侵害？进而制订解决方案。

　　"怎样才能明晰问题的本质呢？"飞飞谦虚地问。

　　同事解释道："厘清问题，我们常用 5Why 分析法，对问题刨根问底，一步步逼近问题的本质。拿这次的项目状况举例，我们从问题出发，沿着'为什么—为什么'进行连环提问，以此类推，直到挖出问题的根本原因。

　　"注意，在使用 5Why 分析法时，要以解决问题为目的，全方位思考，不能只从外在因素找原因，并且要注意寻找可控因素。"同事提醒。

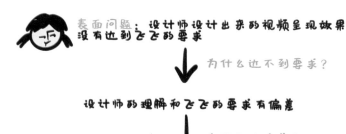

表面问题：设计师设计出来的视频呈现效果
没有达到飞飞的要求

为什么达不到要求？

设计师的理解和飞飞的要求有偏差

为什么有偏差？

飞飞的表达不清晰

为什么表达不清晰？

根本问题：对项目的认识不足

2. 厘清目标——SMART 模型

其次，目标是一个项目最重要的部分，只有目标明确清晰，才有完成任务的动力。

一个虚无缥缈的目标，就像一场没有终点的马拉松比赛，如果不知道什么时候、怎样做才能到达尽头，就会失去行动的信念，迷失方向。我们可以用 SMART 模型管理目标。

"什么是 SMART 模型呢？"飞飞问。

"其实很简单，SMART 这几个字母分别对应的要素是：具体的、可衡量的、可实现的、相关的、有时限的。这些要素是一个清晰的目标需要具备的。

"拿这次的任务举例，飞飞你在给设计师下达任务的时候，目标就不够清晰。"

要素	定义	案例说明
S（具体的）	简明扼要，明确清晰	视频要体现产品数据智能特点
M（可衡量的）	可量化，用数字或程度、时间等进行客观描述	为方便传播，视频不能太长，可控制在2分钟内
A（可实现的）	要在能力范围内，不能偏离大务，难度适中	除了实景拍摄，还可运用网上有科技感的素材
R（相关的）	目标必须和宗旨、愿景等其他目标相关联	通过产品视频体现公司愿景和发展前景
T（有时限的）	有明确的截止期限	一周内完成

3. 厘清障碍和风险——多角度评估

再次，在完成任务的过程中，明确其中存在的障碍和风险，则有利于我们规避一些不必要的麻烦，从而更顺畅地完成任务。

在评估障碍和风险时，大多数人只注重一些外部风险，如资金、人员、时间等问题，但是除了这些客观因素，我们还需要注意从自身查找主观存在的内部风险，学会多角度地进行评估。

主观内部风险主要有项目理解有偏差、项目难度与个人能力不匹配、个人对项目的接受及认可程度差、对项目预期过高或预期太低等；客观外部风险主要有项目人员不足、资金预算不足、信息传递沟通不到位、项目管理不到位、政策变动、天气原因或自然灾害等不可控因素影响等。

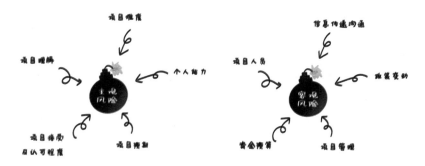

"飞飞，你与设计师之间的沟通问题主要是你对项目的理解不到位的主观原因造成的，当然，设计师的理解能力也是本次项目的一个风险点，像这种情况，后期必须调整沟通风格，用最直白、简单的方式告诉对方我们要什么，而不是把时间都花在理解需求和不断尝试设计风格上。"同事对飞飞说。

4. 厘清自己——明晰自己的角色和状态

厘清自己包括两个方面：一是要明确自己的角色身份，即明确自己是主导者还是推动者，如此才能产生更多的责任感；二是了解自己的优势和不足，分析优势，盘点自己目前的资源，这里的优势除了个人能力，也可以是性格方面的优势，找到互为补充的团队成员以弥补自己的不足，这样可以让我们的项目推进得更为顺利。同时，如果厘清了自己的能力范围，我们可以通过项目训练自己某一方面的能力，让自己进一步提升。

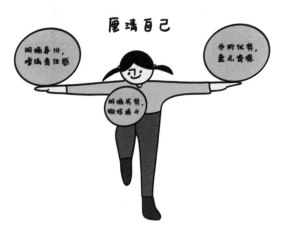

"拿这次的项目举例，在和设计师沟通的过程中，你扮演主导者的角色，并不是传达自己的命令就足够了，还需要在这个过程中不断推进项目，明确对方能够接收自己的信号，明白自己的需求。责任感强是你的优势，让你能很好地承担起主导者的角色，但沟通是你的劣势，你可以通过这个项目刻意锻炼自己的沟通能力。一旦你有了这样的目标，沟通时你就会更加注意对方是否理解、表达是否清晰等沟通问题，在推进项目的同时也提高了自己，实现双赢。

"在培养自己的厘清力时，也要学会掌握主动姿态，这样才能真正地拥有一个清晰的规划路径。"同事补充道。

对话结束，飞飞对此次的任务有了更清晰的认知，止不住地夸："真是太棒了，通过以上步骤，不仅能够对自己和项目产生更清晰的认知，还能够锻炼自己的思考和逻辑能力，最大限度地减少不必要的精力、脑力消耗与浪费，避免陷入重复选择与决定的'坑'，被惰性支配。"

同事赞同道："没错。不过还要注意一点，厘清是相对的，在这个过程中，我们会遇到各种未知的困难，要灵活地进行探索。在摸索和执行任务的同时，还要及时总结遇到的问题，不断调整自己对问题的认知，只有保持迭代的状态，才能达成最终目标。"

厘清力：看看你是哪一种

　被动姿态　　　　　　　　　　主动姿态

	被动姿态	主动姿态
内心戏	清晰就是知道，我已经明白了需求和目标，效果不理想是客观原因造成的	知道并不意味着清晰，了解需求还不够，还要清楚障碍和风险，明晰自身角色和优势，对结果负责
画面1	设计师总不明白我的需求，他的领悟能力太差了	设计师一直不明白我的需求，可能是我的目标不够明确、表达不够清晰，我得好好明晰一下任务
画面2	任务传达下去，我的职责就完成了，等着设计师上交作品就好了	任务传达下去后，我必须确保我的表达清晰，能够让设计师明白并达到我的要求

教练三问

❶ 你如何知道自己明确了目标？

❷ 对你来说，为了提升厘清力，可以做哪些努力？

❸ 如果你具备了很强的行动力，你觉得是因为自己厘清了什么？

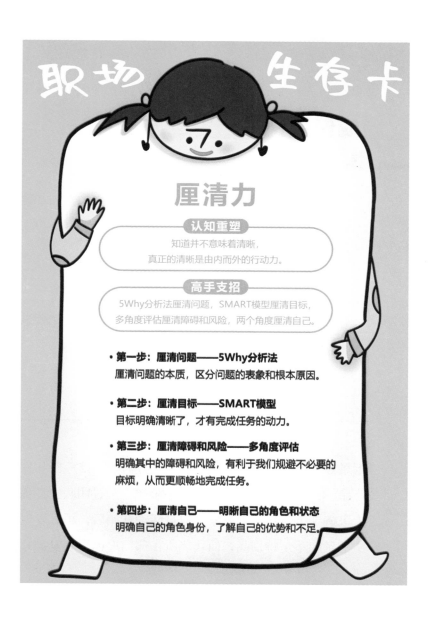

职场 生存卡

厘清力

认知重塑

知道并不意味着清晰，
真正的清晰是由内而外的行动力。

高手支招

5Why分析法厘清问题，SMART模型厘清目标，
多角度评估厘清障碍和风险，两个角度厘清自己。

- **第一步：厘清问题——5Why分析法**
  厘清问题的本质，区分问题的表象和根本原因。

- **第二步：厘清目标——SMART模型**
  目标明确清晰了，才有完成任务的动力。

- **第三步：厘清障碍和风险——多角度评估**
  明确其中的障碍和风险，有利于我们规避不必要的
  麻烦，从而更顺畅地完成任务。

- **第四步：厘清自己——明晰自己的角色和状态**
  明确自己的角色身份，了解自己的优势和不足。

职场成长最快最省力的方法
——复盘力

如果还没有把复盘反思当成习惯，也许你的人生
还没有正式开始。

——田俊国

最近领导给飞飞布置了一个任务：在直播间内推广新开发的科技产品，在一个月内交易量超过 1000 单。经过团队的几番讨论，大家确定了一份策划方案。但是活动开始后，领导发现用户购买的意愿不是特别高，而飞飞所在部门迟迟没有复盘分析的动向。

"开会了开会了，看看这个月的交易量，才 760 单，距离目标还差很远！"领导一进门就拍手大喊，把正埋头办公的飞飞吓了一跳。

飞飞抬起头，坐着椅子滑出来，说："简单总结一下，按照上次的计划继续调整就好了吧？"

一听这话，领导更是气不打一处来："说了多少次，要多分析、多复盘！这样下去什么时候才能完成任务指标！"

承受着领导迎面而来的怒火，尽管知道他是对事不对人，他之所以这么生气都是因为任务的完成度不佳，飞飞还是感到一阵委屈，同时也感觉十分抱歉。

复盘？这可真是飞飞的知识盲区了。这段时间以来，飞飞忙得就像一只陀螺，不仅要写策划方案，还要负责工作对接，偶尔有喘口气的时间，也要不停地观察直播间的动态，在纸上写写画画，总结不足之处。

仿佛是看出飞飞心中所想，领导终于缓和了语气："复盘不是简单地总结，而是为了迭代行动。"

　　"复盘力是指轻松超越自我的能力。"领导继续说，"复盘，就是在头脑中对过去所做的事情重新'过'一遍，通过对过去的思维和行为进行回顾、反思和探究，并且不断演练，找出规律和原因，从而指导我们提出解决问题的方法，不断提升自己、超越自己。

　　"接下来，我会带领大家模拟这个过程。"

1. 第一步：细致地回顾目标

　　"首先，我们来回顾一下这个阶段的工作目标以及最终目标。我们可以把目标按阶段、重要性、可行性等因素分解得更细致，如大目标/核心目标、小目标/次要目标等。"

　　接着，领导在黑板上写下这一步的内容。

　　"大家要注意，很多时候我们都分不清手段和目标。就像

我现在召集大家进行复盘讨论，我的目标是得出一个可行的方案，而不是召开这个会议。不能把这个动作本身当成目标，只有深刻理解动作背后的目的，才能知道自己在这个过程中有何偏差。"领导提醒。

2. 第二步：客观地评估目标

"接着，以上面的目标为终点，客观地评估我们的实际结果如何、目标完成度是多少、距离目标达成又有多远。"

领导点了点飞飞说："飞飞，你来说说看。"

飞飞看着黑板上的字，在领导的鼓励下尝试分析：

"目标交易量1000单，实际交易量760单，目标完成度为76%，距离完成目标还差240单。

"目标粉丝上涨数量600人，实际粉丝量增加300人，目标完成度为50%，距离完成目标还差300人。

"目标视频播放量2000次，实际播放量2500次，目标完成度为125%，超额完成目标500次。"

3. 第三步：从成功和失败两个角度做推演

领导夸奖道："不错，我们得出结论以后，就可以从两个角度对执行任务的过程和结果进行参照比对，不断地推理和演练：如果成功，关键因素是什么？如果失败，是哪个部分没有达到预期？是什么因素导致了这样的结果？如此一来，我们可以吸取成功的经验，规避一些不必要的'坑'，推动目标达成。

"在这个过程中，我们的主观意识可能导致归因错误。因此，我们在推理过程中应该培养这样的思维：你是如何判断出该原因的？还有可能是别的原因导致的吗？为了能够正确地推演出因果关系，我们可以多人参与讨论，谨防找错原因。

"来吧，大家一起讨论一下。"顿时，所有人跃跃欲试，会议室顿时热闹起来。

"交易量没有达到预期，我认为主要是推广方式不对，在抖音这个平台，很多人都不是我们的目标受众。"飞飞首先说。

紧接着，佳佳回答："视频播放量超出预期，首先是主播形象深受观众喜爱，增加了点击率；其次，我们的直播间氛围很轻松，商业性质没那么重，这也是很重要的一个原因。"

……

同事们七嘴八舌地发表着自己的意见，领导一一记录下来，最后在黑板上做出了总结。

要素	👍 成功的方面	👎 失败的方面
产品	产品质量好、设计美观等	产品价格过高、实用性不强等
市场	潜在观众广泛等	目标观众和产品定位模糊、没有进行市场需求分析等
环境	主播形象良好、直播间氛围轻松等	直播间背景杂乱等
流程	流程简单、新颖等	开场方式过于温和、互动性不强、流程过长等
数据	浏览量高、播放量高等	只关注数据增长、没有进行数据分析等
宣传	利用名人效应、开通多种渠道进行宣传等	过度宣传、期待值与实际不符等

4. 第四步：运用 KISS 模型系统地总结经验

写完后，领导转过身对大家说："大家完成得非常棒，但总结出原因并不是我们的最后一步。我们还要对以上内容进行思考，总结成败经验并分析如何规避和推进，这样不仅能指导我们制订下一个阶段的方案，也有利于在出现类似情况时进行复盘总结。"

飞飞提问："如何才能系统地总结出成败经验呢？"

领导在黑板上画了一个表格，说："我们可以通过 KISS 模型进行复盘总结，以便下一次活动可以更好地展开。"

KISS模型	概念	具体
Keep（可保持的）	这次活动中做得好的，后续活动中可继续保持	保持主播的良好形象、直播间的轻松氛围等
Improve（需改进的）	哪些环节/因素导致活动出现了不满意的地方，需在后续活动中进行改进	降低价格/给予优惠、改进直播开场方式、简化推广流程、广告设计更有趣等
Start（需开始的）	哪些环节在本次活动中没有实施，而后续需要开始	开展数据分析、确定目标受众、明确产品定位等
Stop（需停止的）	哪些行为是对活动不利的，需要停止	过度宣传产品

会议结束，领导让大家记录下这次会议过程，并通过最后的复盘改进活动方案。采用这次新方案后，直播间的粉丝和交易量都迅速翻倍，整个团队受到了领导的表扬。

"同样，在进行复盘总结时，我们要学会主动执行，而不是被动地接受任务，这样才能在这个过程中不断强化自己的复盘力。"领导补充道。

回到会议室，大家都在为这次活动的成果庆祝："不得不说，经过复盘分析以后，整个项目流程都清晰了，否则我们可能还不知道问题出在哪里呢。"

领导点点头，说："不管在工作还是日常生活中，我都经常进行复盘，这样不仅能够提高自己的思维能力，对事件产生更深的领悟，熟悉了以后还能形成直觉，提高工作效率。所以，你们也要开始重视复盘演练，这才是在职场中成长最快的方式。"

复盘力：看看你是哪一种

	被动姿态	主动姿态
内心戏	之前已经总结过了，又要进行复盘总结，浪费时间和精力	这次的产品运营效果不佳，我要复盘总结，找到优劣势，避免下次出现同样的错误
画面1	在失败后不经分析，直接询问他人或搜索资料	仔细分析工作过程中有何优点，又有什么不足
画面2	分析完毕就抛到一边，不会应用，下次仍旧犯同样的错误	记录分析结果，形成自己的经验库，在下次任务中进行实践，避免再次犯错

教练三问

① 取得什么样的成果，代表你实现了想要达成的目标？

② 假如你完全实现了目标，你觉得是因为做了哪些尝试？

③ 如果这件事换一个你最欣赏的人来做，你觉得他会有哪些不同的做法？

职场 生存卡

复盘力

认知重塑

复盘不是简单地总结，而是为了迭代行动。

高手支招

回顾目标，从成功及失败两个角度找原因，总结经验。

如何做到高质量地复盘？

细致地回顾目标

客观地评估目标

从失败和成功两个角度做推演

运用KISS模型系统地总结经验

別输在表边上

第五章

不要做无效的自我介绍
——建立锚定

一个越被认可的人，他的社交成本越低。

——李小墨

初入职场的飞飞是一个小透明，平时性格大大咧咧的她，一遇上需要自我介绍的场合就秒怂，以至于进公司几个月了，还是只熟悉自己部门的几个同事。

这天，飞飞和同事在电梯里本来有说有笑，结果其他部门的同事进来了，飞飞立马像被按了静音键，鸵鸟一样低着头，眼观鼻鼻观心，整个场面用同事的话说那就是一个窒息。

人家走后，同事忍不住吐槽飞飞："刚刚那不是财务部的张姐吗？你倒是打个招呼呀！"

飞飞不好意思了："我不认识她，而且人家也不认识我，万一打了招呼她不理我，那不是更尴尬。"

结果，事情还没完，飞飞和同事走到办公室门口，正好看到客户来访，同事着急去开会，就嘱咐飞飞先接待一下。这下可好，飞飞把客户请进会议室以后，就不知道聊些什么，只好借口倒水，飞速逃离现场，然后把主管搬来救场。

这下，主管觉得需要好好锻炼飞飞的职场破冰能力，开始在各种场合单独点飞飞起来做自我介绍。职场水太深，主管太可怕，飞飞一下子萎靡了。同事却说："主管这是为你好呀，让你多了很多链接资源的机会！"

飞飞眼睛一亮："请展开讲讲！"于是，同事开始娓娓道来。

1. 识别场景目标，找到介绍角度

其实不仅是在初入职场时，在职场中，在很多场景下都涉及如何破冰。我们的同事、领导、合作伙伴、客户等都由陌生人发展而来，积累职场人脉对于我们在工作中寻求帮助、展开合作、找到机会点、提升自身都非常必要。

所以，我们需要积极识别能够展示自己的场景，主动把握机会。在不同的场景中，我们的身份角色、参与目标也不同，因此要明确不同的目标，使目标和场景相匹配，并据此找到自

我介绍的最佳角度和核心的要素。

比如，在你进入一个新的工作团队时，你的目的是让大家知道你在这个团队中能干什么、能承担怎样的角色，那你就需要重点介绍自己的专业背景、项目经验、差异化优势等；如果你只是一个小白，那也可以说说你的兴趣点在哪个方面、你接下来想重点提升哪个方面的能力、你期待获得什么样的资源支持。你可能不是一个专业人士，但是作为一个年轻人，你可以提供一个不一样的新鲜视角。这也是独属于你的优势。

再比如，在面对客户时，我们的目的是建立合作关系，那么我们就需要在拜访客户前做好案头工作，上网看看其官网、微信公众号、微博等，了解其主营业务、近期有什么新动作，查阅其所在行业的最新动态，看看与自家业务的链接点有哪些……

2. 锚定你的位置，整合自身资源

在匹配好场景目标之后，就可以正式尝试职场破冰啦。

想想看，我们之所以不信任陌生人，是因为陌生带来的未知和不确定性。所以反过来，我们要想拉近与他人的距离，就有必要消除这

种未知，在对方心中锚定我们的位置，这就是"沉锚效应"。因为最初获得的信息往往最能影响人们的判断和决策，就像沉

入海底的锚一样把人们的思想固定在一处，沉锚效应普遍受注意力与相似性的影响。

"注意力法则"指出，他人的注意力是一种有限的资源，因为人们在接收各种各样的信息时都会消耗自己的注意力。所以，按照诺贝尔经济学奖获得者、著名管理学家赫伯特·西蒙的阐述，能够有效捕获他人的注意力，是成功向他人推销自己的必要前提。

第一步，告诉对方"我是谁"。在具体展开过程中，就要根据我们上面匹配的场景目标，展示符合这个场景目标的信息，比如用自身特长来营造匹配感。比如，在面向某汽车品牌客户的时候，我们就要强调在汽车领域的项目经验，弱化其他不相关的内容。因为人的注意力是有限的，所以，我们要在尽量简短的语句里释放更多有效且容易记住的信息。

第一印象实在太重要了，典型案例就是综艺选秀节目中练习生们的自我介绍。他们需要费尽心思地在短短的几句话或几秒钟之内争夺大家的注意力。有一个小技巧，就是可以通过给自己"贴标签"来吸引注意力，并且在人们的脑海中制造你想要让大家保留的印象。

3. 建立关系链接，赢得对方的信任

第二步，与对方建立链接。如果说第一步是在人们心中抛入了一把锚，那么第二步就是要锚定一个坐标。因为人们会倾向于信赖与自己有关的事物，所以可以通过发现与对方的共

同点拉近距离，获得对方的信任。一方面，可以以人为链接，比如，我们与对方是老乡／校友，或者，我们与对方有一个共同认识的人；另一方面，可以以事为链接，比如，我们与对方都看过同一本书／上过同一门课。以此建立我们与对方的相似性，没有人是不自恋的，人们潜意识里都会更喜欢和自身相似的事物。

第三步，表达关心。人人都渴望被关注，基于我们在事前做过的功课，可以适当展现对对方动态的关心。比如，"我在贵司的官网上注意到，你们最近在筹备一个活动，一定很忙吧？"或者，"我最近听了您的课程，感觉非常有用。"不过这里需要注意的是，不要试探对方的个人隐私或负面信息，比如问某个与对方相关的负面消息是不是真的，这就越界了。

第四步，表明场景目标和利益。我为什么来到这里？——这是基于场景目标。比如，"我想提高我的表达能力，所以来听了您的课程。"我能带给你什么？——这是基于利益。在内部场景中，可以展现自己的特长，比如，"我获得过滑雪比赛的冠军，所以对于冰雪运动领域的广告受众比较熟悉。"在外部场景中，可以借用公司的资源，比如，"我特别喜欢您的课程，想把它介绍给更多人，我们有一个自媒体账号，流量还不错，需要的话可以为您打打广告。"其实这一步的目的就是在对方心中打下更深入的锚定，这样如果对方有需求，就会第一时间联想到你。

在第六章中提到的"合作共赢之窗"告诉我们，达成合作的前提是知道"我有什么、我缺什么"和"你有什么、你缺什么"，也就是知己知彼。那么在最初见面时，我们能做到让对方"知彼"，即知道"你有什么、你缺什么"，就很好了。

4. 互换联系方式，保持交流频次

讲到这里，其实我们需要介绍的内容就差不多讲完了，但是别急着结束。现在结束，无论刚才和对方聊得多么融洽，都很有可能永远停留在这个阶段。就像男女约会的时候，如果两个人都觉得相处不错，那分别时一定要再次发出邀约。刚刚建立的关系很脆弱，要小心维护。

第五步，抛出钩子。首先，千万记得互换联系方式，最好是对方使用频率最高的，比如常用的微信号和手机号码。其次，我们要在结束时给下一次的接触制造机会。比如，"我是否方便加一下老师您的微信？等会儿我把我们的自媒体账号发给您看看，如果您有广告需求，随时招呼。"当然，如果手中没有具有价值的资源，也可以以晚辈的身份请对方就某件事多加指教。这不是一次具体的邀约，对于对方来说压力不大，因此乐于接受，这样以后双方就有了再联系的理由。

当然，其实还有第六步，那就是念念不忘、必有回响。人际关系的维护需要保持一定的交流频次，这叫作"曝光效应"。在建立了联系、抛出了钩子之后，我们就有了足够的理由加强在对方面前的曝光，一来二去，自然就会变得互相熟悉和信赖。

因此在职场中，我们要把握好当众破冰的机会，多进行自我曝光，积极尝试自我输出，跟他人产生链接、打下锚定，让更多的人了解自己的优势和长项。机会，永远是留给有准备的人的。

自我介绍：看看你是哪一种 # 🔍

被动姿态　　　　　　　　　主动姿态

内心戏	自我介绍是为了展示自我，只要多展示，就会获得对方的欣赏	自我介绍是为了与他人建立锚定，双方有链接，才有机会赢得对方的信任
画面1	自我介绍时，不考虑对方的喜好和特点，把所有的优势都呈现出来	自我介绍时，根据场景和目标需要，呈现自己的优势，强化与对方的链接
画面2	结束对话后直接离开，等着对方下一次联系	结束对话后主动互换联系方式，加强联系，维持双方关系

教练三问 ⋯⋯⋯⋯⋯⋯⋯⋯⋯⋯⋯⋯⋯⋯⋯

❶ 你曾经被谁的自我介绍所打动？对方打动你的关键点是什么？

❷ 回忆过往做自我介绍的经历，你的行为细节是如何反映自己的表达意图的？

❸ 完成一个有效的自我介绍，你觉得自己最需要突破的是什么？

你以为汇报只是汇报吗
——调度资源

有时需要离开常走的大道，潜入森林，你肯定会
发现前所未见的东西。

——贝尔

"飞飞，你的方案完成得怎么样啦？有什么困难吗？"

刚进公司，飞飞的包还没放下，就收到了领导的询问。飞飞一时间没有反应过来，下意识地回答："目前没有问题，可以按时完成。"

领导点点头："如果有问题要及时说，也可以请教其他同事。"

飞飞表示明白，心里却开始嘀咕：方案不是还有半个月才交吗？没想出个所以然。中午和同事一起吃饭，飞飞又提到了这个疑问："为什么领导这么早就开始问方案了呀？"

"领导追问一般有两个方面的原因，一是事情很重要，领导需要及时把握整个事情的进度；二是对你不放心，你刚入职，担心你遇到问题也不好意思提出来，他需要了解最新情况。"同事给飞飞解了惑，同时补充道，"其实如果是我的话，领导问的时候我就会开始反思：为什么这件事我没有主动汇报。进入职场，消息互通很重要，只有互通了，大家才能更好地协作，如果咱们都主动汇报了，领导也不会再问，他会更有安全感。"

飞飞若有所思地点点头："确实，但每次汇报工作我都会紧张，只有确认可以了，我才会和领导汇报，对于没完成的，我不大好意思说。"

1. 汇报是一种调度资源的方式

"不是这样的，"同事不太赞同，"我们不能把汇报看成一种简单的信息呈送，汇报不是任务，我们的每一次汇报都有助于更好地调度资源。你可以把汇报工作看成一种调度资源的方式，通过及时汇报工作，可以让领导了解你目前的工作进度、是否有困难、方向是否正确、是否需要其他资源支持等。借领导来为你协调和调度资源，帮助你把手头的工作干得更快、更好。所以，越是有问题的越要早点汇报，只有这样领导才能及时发现问题，解决问题。"

"通过汇报调度资源，有道理，如果是这样的话，那么我们怎样汇报才能更好地利用资源，同时调度更多的资源呢？"飞飞好奇地追问。

2. 如何进行汇报：事实＋计划

一般来说，工作汇报分为两部分。

一是事实： 比如，你完成了哪些工作，未完成工作的进度如何，有没有遇到什么困难，工作是否可以按时完成，不能按时完成的原因是什么，等等。汇报工作必须以事实为基础，所谓事实，指的是真实的、准确的、没有歧义的。

二是计划： 比如，你对接下来工作的安排，对目前工作中相关问题的解决方案，预计最终的完成时间及完成效果，以及如何对目前工作进行优化，等等。

很多人汇报的时候只阐述事实，而没有计划，其实这是不完整的。不能说他不对，但至少证明他没有主动去思考问题。职场中如果缺乏主动思考，则很容易被淘汰。

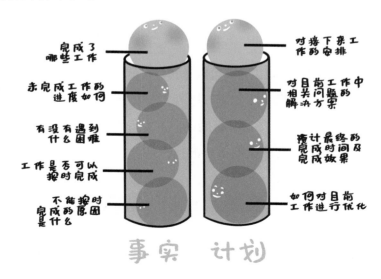

3. 三招让汇报更出彩

飞飞拿出小本本快速地记下，同时梳理了关于方案的工作汇报：由于本周在忙节日热点的海报设计和文案撰写，事情比较多，本周会先完成节日热点的策划，下周会正式开始撰写方案，目前已经和大家沟通了一轮，确定了方案的总体创意和内容，后续只要将相关资料整理完毕就行，可以按时完成，请领导知悉。

"内容是没错，但你的这个重点不突出，很容易被领导忽略。"同事指出汇报的不足，并强调好的汇报主要有三点。

（1）**重点前置：**即领导关心的，需要领导支持、协调资源的事情一定要前置。

（2）**结论先行：**先说是什么，再说为什么，结论先行，让领导迅速知悉工作情况。

（3）**数据呈现：**数据是最直观的表现形式，想凸显工作效果，可以多用数据表达。

飞飞点头："明白了，关于方案的汇报，我可以把领导关心的内容和结果前置。"并迅速在小本本上修改工作汇报：目前已经确定了方案的总体创意和内容，完成了 70%，还差资料的整理和撰写。本周由于大家需要忙节日热点活动的策划，下周才能正式撰写方案，但请领导放心，一定可以按时完成任务。

4. 日常工作汇报避坑必看

"是的，孺子可教也。"同事深感欣慰地点头，并告诉飞飞汇报日常工作时，有两个"坑"一定不能踩，不然再精彩的汇报也会大打折扣。

一是把握汇报频率。汇报频率过高会让领导产生阅读疲劳，容易错过重要信息；而过低则会使领导无法把控进度，没有安全感。领导时间有限，重要的工作可以一日一报，及时更新工作进度；其他日常工作除非领导要求，每周进行一次整体汇报就可以了。

二是重要信息要书面汇报。日常工作中尽量减少口头汇报，口头汇报结束后必须进行确认，同时可以附上书面报告进行补充，这样不仅能加深领导对汇报内容的理解，也能让领导对工作成果的印象更加深刻。

飞飞受用地点头："没想到汇报也有这么多门道，职场处处是学问。而且我发现，当我把汇报看成资源调度的方式时，感觉向领导汇报变得轻松了很多，再也不害怕向上汇报了。"

日常工作如何进行汇报		
总体原则： （1）汇报是调度资源的一种方式； （2）汇报需要事实＋计划，二者缺一不可； （3）汇报的重点要前置、结论需先行，数据呈现更直观； （4）重要工作一日一报，日常工作每周一次整体汇报； （5）口头汇报须确认，及时补充书面汇报。		
汇报目的	汇报要点	关键提示
希望获得人／资源的支持	希望获得 _____ 支持，原因是 _____，会产生 _____ 好处	结论先行＋利弊分析，重点强调获得支持后的好处（如节省人力、加快进度等）
出现问题需要解决	目前的主要问题是 _____，解决方案有 _____，请领导指示	不能直接带问题去汇报，必须带解决方案；注意方案数量要大于2，让领导做选择题

续表

互通进度，让领导放心	_____ 已完成了 _____%（目前的进度或状态），接下来的安排是 _____，请领导知悉	关键节点汇报，重点是工作目标和完成率，让领导随时掌握项目的进度
汇报成果，体现你的重要性	项目总体情况 _____（完成度、满意度、转化率等），做得好的有 _____，可优化的有 _____	多角度数据呈现，有总结、有优化，让领导看到你的用心

日常汇报：看看你是哪一种

被动姿态　　　　　　　　　　　　主动姿态

内心戏	汇报是完成任务，一定得有结果的事才能汇报	汇报是调度资源的一种方式，有需要就可以汇报
画面1	等领导问了再汇报，不仅领导心里没底，自己也慌	关键节点主动汇报，建立领导对你的信任感
画面2	领导问什么答什么，解释到最后领导也不知道要干啥	先结果后原因，重点前置，站在领导的角度思考，工作更高效

教练三问

① 经过本次汇报，我想创造一个怎样的结局蓝图？

② 本次汇报中，哪些资源是我可以调用的？

③ 下一次汇报，我可以优化哪些方面？

即兴发言该说什么
——即套即用

我可知道人抓住救命稻草是什么手劲儿了。

——王朔

今天是公司每月一次的月度总结大会，领导在台上讲着本月的业绩情况，飞飞在台下昏昏欲睡。飞飞正上下眼皮打架的时候，突然隐约听见领导说："祝贺飞飞成长为我们的月度优秀新人！"然后飞飞就被同事一个肘击给捅醒了。

飞飞身躯一震，抬头发现大家都在看自己，就听领导点名叫自己上来讲几句。于是，飞飞一脸懵地上了台。领导和蔼可亲地看着她。飞飞努力了半天憋出几个字："谢……谢谢领导！

谢谢主管！谢谢我爹我娘！谢谢大家！谢谢大黄（公司门口的狗）……"

过了一会儿，同事看到飞飞在以头抢桌，忙问她怎么啦，飞飞懊悔道："谁知道早上开会被突然点名，脑子一片空白，完全不知道该说啥。"

同事忍不住笑起来："哈哈，可是你给我们创造了快乐啊……"

飞飞摸了摸鼻子说："好尴尬呀。"

同事说："好啦，我来告诉你这种场合怎么办，我们都有必杀公式的，想不到吧？"

飞飞说："老奸巨猾，不愧是你。"

1. 发表感言："赶过猪"模型

在需要即兴发言的场合，我们常常会因为来不及提前准备而手足无措，大脑一片空白，那么怎么办呢？有一个叫作"赶过猪"的万能公式，主要针对的是有仪式感、需要发表获奖感

言的场合，无论是公司年会、颁奖典礼还是突然被领导表扬的
关键时刻，都可以拿来一用。

"赶"：即"感"，指的是对在场的某人表达感谢，一般
用作具体内容展开之前的礼节性开头。比如，"感谢主持人邀
请我上台发言""感谢领导对我工作的肯定"。我们也可以进
一步做细节性展开，比如，"感谢某同事在某个项目中，给予
了我……的无私帮助。"

"过"：即"过"，指的是回顾过去的历史、经验、事例等。
比如，在获得领导肯定的这个项目中，你是如何努力达成目标的；
在具体工作中，你以怎样的方式从领导或同事处获得了哪些宝
贵经验；你通过哪个具体事例得到了大的能力提升。在受到领
导表扬的场合，可以通过对过去和现在的对比，表明自己的成
长进步。

如果能够做故事性展开，将会对听众更有吸引力，可以参
考"5W1H"新闻六要素，即何时（when），在何地（where），
何人（who）因何故（why）发生了何事（what），这件事具体

经过如何（how）。当然，我们需要视场合判断发言时间，在简短发言中，六要素不必全部展开。

"猪"：即"祝"，指的是对未来表达祝福、憧憬、期待，一般用作结束语。如"我相信我将在工作中获得快速成长""我期待未来我的工作能力可以更上一层楼""我祝愿活动成功举办""我祝福在座各位工作顺利"等。在受到领导表扬的场合，也可以"宣誓"，比如，"我以后一定再接再厉，努力工作，不辜负领导对我的期望。"

2. 学习总结：ORID 模型

如果是内部的项目总结会、培训会等，需要我们谈谈在这次培训中的收获，或者复盘某个项目，那么"赶过猪"公式就不适用了，可以参考 ORID 模型，即 O（事实）-R（感受）-I（思考）-D（决定）。

O（事实）：我接收到的客观事实是什么？可以结合印象最深刻的点展开，比如，"在这次培训中，我印象最深的是××××知识点。"

R（感受）：我的内在体验是什么？尤其是让你醍醐灌顶、

惊喜、颠覆认知的点，比如，"这是我第一次接触×××，感觉非常新鲜，很兴奋。"

I（思考）：我对接收到的事实有怎样的理解和思考？尤其是对跟自身相关联部分的启发，可以跟自身有何链接？比如，"今天老师讲的×××，让我想到了我工作中遇到的×××情况，原来背后的原因是××××，顿时让我释然了。"

D（决定）：我决定未来要采取何种行动？最好是可以马上就展开的清晰行动计划，行动要具体，不要虚无。比如，"我打算从明天开始，就把新学的这个方法练习起来，至少每天练习10分钟。"

将ORID模型各元素连起来就可以即兴发言，比如，"今天大家聚在一起讨论××主题（事实），我感觉收获很大（感受），大家提出了很有价值的意见并形成了工作方案（思考），接下来我们要共同努力落实工作方案（决定）。"

其实，ORID模型的逻辑就是我们大脑"输入信息 - 处理信息 - 再输出信息"的过程，能够促使我们进行深度思考和学习。很多培训学习结束之后，所用的4F学习总结模型的逻辑也和此类似。

Fact：今开你学到了什么？
Feeling：你的感受是什么？
Finding：你的启发和收获是什么？
Future：你未来的行动计划是什么？

只要熟悉这两个即兴发言的公式，就算突然被点名发言，大脑一片空白，也不要着急，可以空出几秒钟给自己思考应对的方案。可以尽量用动作拖延时间，比如，上台的时候走慢点，或者开口前先顿一顿，以便能够往框架里填素材，即套即用，让自己不再开口无话可说。

即兴发言：看看你是哪一种

被动姿态 　　　　　　　　　主动姿态

内心戏	突然被点名发言，大脑一片空白	突然被点名发言，赶紧想想该场合适合哪个公式，要往里填哪些内容
画面 1	不想上台，想办法推脱掉	主动争取发言，为大家留下深刻印象
画面 2	发言没有事先准备，磕磕巴巴说不清楚	提前背过"即兴演讲"公式，即套即用，发言逻辑清晰，结构完整

教练三问

❶ 当突然被叫上台发言时，你的身体会有怎样的反应？

❷ 想象你已经可以站在台上自信地侃侃而谈，此时有人请教你，你是如何做到的，你会如何回答？

❸ 为了快速提升自己的即兴发言能力，你会为自己制订怎样的练习计划？

职场　生存卡

即套即用

认知重塑

即兴不是裸奔，而是抓着救命稻草尝试飞翔。

高手支招

发表感言套用"赶过猪"模型，深度会谈用ORID模型。

发表感言："赶过猪"模型

- **"赶"：即"感"**
  指对在场的某人表达感谢，放在开头。
- **"过"：即"过"**
  指回顾过去的历史、经验、事例等，放在中间。
- **"猪"：即"祝"**
  指对未来表达祝福、憧憬、期待，放在结尾。

学习总结：ORID模型

ORID

O（事实）-R（感受）-I（思考）-D（决定）

4个"万金油"式的表达结构
——以不变应万变

真正深刻的表达，实际上应该依靠结构的力量，

而不是依靠单一语言的力量。

——陈虹

飞飞觉得自己最近真是命犯太岁、诸事不顺："会不会是水逆？"

"啥？"同事被她突然的自言自语吓了一跳。

于是，飞飞向同事回顾了自己今天的"至暗时刻"：早上快迟到了，飞飞一手拿着豆浆，一手扒开了快关上的电梯门，结果差点儿迎面撞上大老板。要不是飞飞刹得快，一杯豆浆就得全部泼到老板蛮贵的西装上。飞飞赶忙收住脚转过身，面朝着电梯门面壁，谁知老板却没打算"放过"她，正好想问问目前飞飞手头的项目进度，结果飞飞还处在差点把豆浆泼在老板身上的惊恐之中，大脑一片混乱，答得也是前言不搭后语。

"姐，你说我明天会不会因为左脚先迈入公司被开除啊？像我情商这么低的人，是不是没救了呀？"

同事一拍桌子："不怕！不会表达其实不是情商低，只是思维不清晰，教你几个'万金油'式的表达结构，帮你梳理思维，快速提升表达力！"

1. 重要性结构——临时汇报

按照事件的重要程度排序，适用于时间紧迫，需要向领导汇报，尤其是某件事情需要领导拿主意的时候，在紧急时刻先挑要紧、核心的说，其他的细枝末节都可以简化。

其实我们经常说重要性结构，比如第一、第二、第三。无论是分析问题还是解释原因，通过列序表达，让领导快速知道你在说什么，而不是说了一堆后不仅领导没听明白，你自己也被绕晕了，压根儿不知道自己讲了啥。此外，金字塔结构里面的结论先行也是典型的重要性结构，先说出领导最关心的结果，然后分析原因。

2. 时间 & 空间结构——项目介绍

时间： 按时间顺利进行介绍，比如过去、现在、未来，或项目前、项目中、项目后等。

按照事件发展的经过从前往后叙述，适用于项目汇报或公司历史介绍，比如在这个项目中，我们之前是怎么做的，现在是怎么做的，以后打算怎么做。或者我们在项目前期做了什么，中期做了什么，后期做了什么。

空间：按照地理位置进行介绍，如国内、国外，或一线城市、二线城市、三线城市等。

按照空间的布局进行介绍，通常用于介绍公司业绩。比如，目前品牌在一、二、三线城市的发展分别怎样。

当然，在具体介绍项目或公司发展时，时间与空间是可以相互结合的，比如，在某段时间内，空间的布局是怎样的；或者在某个空间内，不同时间的情况是怎样的。时间和空间结构可以灵活运用。

3. 解决问题结构——寻求支持

解决问题结构具体表达为"提出问题—分析问题—解决问题"，也就是 what—why—how，适用于对困难项目的汇报，通过"我遇到了什么问题 - 为什么会出现这些问题—我如何解决了这些问题"的逻辑，重点是向领导呈现问题解决的过程，让领导看到我们在其中的价值、努力以及成果，从而争取获得领导的支持。

4. FAB 销售结构——卖东西

F（feature）：特性，即这个东西是什么，有什么样的特点。

A（advantage）：优势，即和竞争对手有什么不同。

B（benefit）：好处、利益，即能给对方带来什么好处。

FAB 销售结构最常见的使用场景是向别人推销某件东西，比如产品推广，其核心在于产品功能（benefit）是否能有效激发对方的欲望，获得对方的认可。不仅仅是销售，FAB 结构在工作和日常生活中的使用场景非常多。

比如，面试时的自我介绍就可以应用 FAB 结构。因为自我介绍的过程也是"卖自己"的过程。面试过程中一份成功的自我介绍就是：个人基本情况（feature）＋自身的优势及长处（advantage）＋可带给公司的好处（benefit）。

此外，你的每一次产品展示、每一次汇报、每一次方案陈述，甚至每一次在会议中提出想法，本质都是销售场景，你都可以使用 FAB 结构，通过介绍"属性＋优势＋利益"，让对方对你所说的内容产生兴趣，进而愿意接受你的方案或采用你的建议。

当然，我提出的这几种场景也仅为举例，重点是我们要学会灵活运用。"万金油"适用于多种"症状"和场景，其最大的用处并不是要我们对这几个结构生搬硬套，而是给我们搭好架子，根据场合的不同，我们可以直接往里面"填"素材。试想一下，就算我们提前准备好了稿子，临场一紧张是不是也很难记住？而手握这些万能结构，是不是心里有底了很多？

运用表达结构：看看你是哪一种

	被动姿态	主动姿态
内心戏	所有的结构都是套路，运用表达结构和人沟通不真诚	结构是梳理思维的工具，运用表达结构可以让思路更清晰
画面1	临时汇报时思路不清晰，重点不突出，领导无法立即给予答复，浪费彼此时间	临时汇报时结论先行，突出领导关注的重点，让领导感受到你的付出和努力
画面2	介绍产品时不断强调产品的特征和功能，忽视产品能给对方带来的具体好处，无法让对方确认购买	利用FAB模型，重点强调产品给对方带来的好处，激发对方的购买欲

教练三问

❶ 回忆工作和生活中你经常使用的"表达结构"是什么样的。

❷ 在你的工作和生活中，你将如何运用"万金油"式表达结构助你一臂之力？

❸ 为了熟练运用这4种表达结构，你可以做哪些努力？

职场 生存卡

以不变应万变

认知重塑

真正会表达的人，是玩"套路"的高手。

高手支招

掌握表达的结构，快速提升表达能力。

重要性结构
（临时汇报）

结论

原因1　原因2　原因3

时间&空间结构
（项目介绍）

解决问题结构
（寻求支持）

问题（what）

原因（why）

解决方案（how）

FAB 销售结构
（卖东西）

特性（feature）
它是什么

优势（adventage）
它能做什么

利益（benefit）
它能为客户带来什么

小白也有领导力

第六章

有时候不说话比说话更有用
——深度倾听

我们用两年学会说话，却要用一生学会闭嘴。

——海明威

"我已经说过很多遍了，字要大！怎么连这么简单的需求都听不明白？"大清早，同事们就看到了客户怒气冲天地拍着桌子质问飞飞，仿佛今天她要是拿不出一份满意的设计稿，桌子和她就会一起完蛋。

飞飞欲哭无泪："王总，不能再大了，再大真的很丑啊！"她已经把广告语放大好几个字号了，而且，这个广告是要投放到户外大屏上的，客户用手机屏幕看当然会觉得小了！

这时候，目睹了一切的主管推门而入，连忙安抚客户，并提出针对客户"字要大"的需求，立马为他设计一份广告语更醒目的海报。飞飞这时注意到，主管把客户说的"字要大"转换成了"更醒目"，客户还一脸赞同地点了点头。

"您看，我们是不是可以这样改，我觉得会让广告的效果更好。"主管确认后，伸手接过飞飞的电脑一通操作，虽然没有调大字号，但是通过色彩搭配、调整构图等方式，让广告语变得非常突出，客户终于满意地笑了。

1. 掌握这三步，做事事回应的有心人

事后，主管带着飞飞复盘这次与客户的沟通过程。她告诉飞飞，大家可能都觉得沟通不是有嘴就行，事实上，学会如何闭嘴可能比学会如何张嘴更重要。有多少人在沟通过程中专注于输出自己的观点，而根本没有去听对方的话？又或者，你虽然在听，但看上去却心不在焉，对方说了半天，却不知道你到底听进去多少。

如果给沟通下一个定义的话，它其实是你我之间进行信息传递与反馈，从而达到特定目标的过程。其中，传递与反馈缺一不可。因此，沟通的重点在于"听"（传递）和"让对方知道我在听"（反馈）。

第一步，听事实＋确认事实。我们需要听懂对方陈述了怎样的事实。比如，王总提出的事实其实是"广告语要醒目"，而"字要大"只是他基于这个事实所提出的期待。当我们听到这个事实之后，我们还需要针对这个事实进行确认——"我这样理解对不对？""您是不是这个意思？"……这就是针对事实

进行的回应，有助于我们知悉对方的真实意图。

第二步，**听情绪＋安抚情绪**。我们需要体察对方表露了怎样的情绪。比如，王总所说的"已经说过很多遍""你怎么还听不明白"所体现的情绪是"设计的海报一直达不到我的要求，我很焦虑"。当对方在沟通中开始展现出非常情绪化的一面时，我们应该在第一时间加以安抚，为后续的沟通扫平障碍。为什么很多电商平台对客服的考核都有一个"三分钟回应"要求呢？那是因为一旦迟迟收不到回应，人的焦虑感就会升级，当我们被愤怒冲昏头脑时，谁还会在乎原本沟通的目的呢？此外，在这个时候，千万不要说"请你别生气"，因为我们要承认对方即使生气也是合理的。我们应该站在对方的角度，设身处地地理解对方的处境，让对方知道我们会和他一起面对并解决这个问题，将沟通拉回正轨。

第三步，**听期待＋落实行动**。我们需要了解对方期待我们做出什么样的行动。而我们也应该结合自身实际情况，积极回应对方的期待，将其落地成可立即执行的具体行动方案，甚至最好能让对方看到我们马上行动了起来。比如，"针对您的要求，我们设计了几种不同的方案，相信这样做能够达到我们想要的效果，如果您也认同，我们马上就可以开始执行……"这样，让沟通落实到具体行动中，产生切实成效，并且使我们与对方形成一种向着相同目标而协力攻坚的战友关系，革命友谊立刻就升华了。

2. 瞄准目标，避免被情绪风暴裹挟

主管继续拆解三步法的具体操作招式。

在实际沟通过程中，我们所听到的内容存在着各种各样的噪声干扰，噪声可能来自沟通双方所处角色身份的不同、预期目标的不同、利益冲突等，而主观情绪也是一种很大的噪声。出于人类的本能，我们会先感受到对方的情绪，如果是愤怒、指责、推卸责任等负面的攻击性情绪，我们甚至也会被席卷进入这场情绪风暴，而在风平浪静之前，这场对话的真正目的是无论如何都不可能被再度提起了。

那么，在"听情绪"这一步，我们应该如何摒除噪声的干扰，避免被情绪风暴裹挟，偏离沟通的真正目的呢？

首先，我们需要具有同理心，能够设身处地地体谅对方。

其次，要坚定在沟通时的信念感——"达到目标就是成功，不能让任何噪声干扰我的节奏，他们的情绪我并不在乎，这一切只是为了帮助我达成自己的目标"。

要知道，沟通具有很强的目的性，是为了达成一致并推进合作，比如，取得某个共识、实现某个目标、产生怎样的成效，而不是为了发泄负面情绪，乃至破坏彼此之间的关系。因此，明确每次沟通的目标，有助于我们避免被情绪妨碍行动，偏离沟通的正轨，让我们能够主动掌控沟通节奏，减少在工作中的情绪内耗，进而练就一颗在职场中生存的"大心脏"。

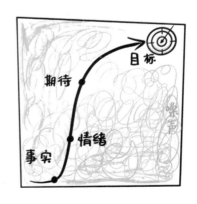

3. 破除伪需求，击穿对方真实痛点

在第三步"听期待"中，对方会因为种种原因提出一些虚假的期待，而破除伪需求，经解析得出真实需求，是我们必修的功课。讲到这里，主管耐心地问飞飞："当客户提出了'字要大'的期待后，你是如何应对的？"飞飞说："我调大了字号。"

主管无奈地摇摇头："你有没有想过，客户并不是设计领域的专业人士，他所提出的'字要大'，实质上是针对'广告语不醒目'这个事实所提出的一种不那么专业可行的解决方案，是一种伪期待。所以你直接按照他提供的解决方案操作，而没有进行自己的专业加工，是达不到他的真实期待的。"

首先，对方所表达的内容很可能受限于他的专业视野、问题解决能力、表达能力等，而无法反映出真实需求。例如，在火车出现之前，人们对出行的需求无非就是一辆更快的马车，是因为他们觉得火车不够快吗？显然不是，是因为在当时，火车已经超越了普通人对快速出行的想象。所以当人们说"我想要一辆更快的马车"，他的真实期待其实是"我想要更快地到达目的地"。如果说真实需求是针对客户痛点的强需求，那么伪需求就是隔靴搔痒的弱需求。

面对伪需求，我们可以根据"需求黄金圈法则"Why → How → What 的顺序进行推问，以得到真实需求。比如，提问：为什么广告语的字要大？回答：因为要让目标受众一眼就能看到。再提问：怎样让目标受众一眼就能看到？回答：可以通过色彩搭配、调整构图等方式让广告语处于视觉中心，变得非常突出。

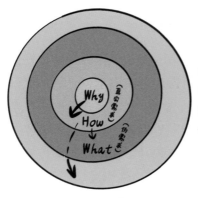

Why: 我要一天内到达A市参加朋友的婚礼。

How（真实需求）：我怎么能够按时到达？

What（伪需求）：我需要一辆更快的马车。

专业加持后的真实需求：我需要坐火车。

其次，偏离了核心目标的需求也是伪需求。

主管问飞飞："你在和客户的沟通中，有没有因为他是非专业人士就觉得他什么也不懂？提的要求很不可理喻？"飞飞羞愧地点了点头。见状，主管接着问："你觉得字小一点好，是出于设计的美观度考虑。而客户觉得字要大，是因为他要让更多的受众接收到广告的关键信息，你说他的要求是不是很有道理？"飞飞听到这里，意识到自己在海报设计中的出发点没有和客户达成共识，没有站在客户制作海报的最终目的——"获客"上来思考问题的解决方案。对于客户来说，再好看的广告设计如果达不到获客的目标，也只是废纸一张。

沟通中的倾听三步法	
"听"（传递）+"让对方知道你在听"（反馈）	
（1）听事实（对方在对话中陈述了怎样的事实？）+确认事实；	
（2）听情绪（对方在对话中表露了怎样的情绪？）+安抚情绪；	
（3）听期待（对方在对话中有着怎样的期待？）+落实行动	
听　情　绪	听　期　待
同理心＋信念感： 摒除垃圾情绪干扰	需求黄金圈法则： Why→How→What 推问，揭露真实期待

深度倾听：看看你是哪一种

被动姿态

主动姿态

	被动姿态	主动姿态
内心戏	**你们怎么说，我就怎么干，干好干坏与我无关**	**清晰知晓为何进行沟通，所有过程都是为了帮助自己达成目标**
画面1	自己听的时候毫无反应，对方说了半天，却不知道自己听进去多少，又记住了多少	准备好纸笔或电脑，积极记录沟通内容并主动确认，以行动告诉对方"我在认真听"
画面2	对方生气时迟迟得不到回应，导致情绪越来越激动，冲突加剧	当对方发飙时，及时安抚其负面情绪，扫除沟通障碍

教练三问

❶ 什么情况下，你会急于表达自己的想法，而忽视了倾听对方的想法？

❷ 通常你的倾听停留在第几个步骤？是什么阻碍了高质量倾听的发生？

❸ 为了提升倾听能力，你可以立刻进行什么样的练习？

"对手"也能变"队友"
——魔鬼说服

一个具备劝说天赋的人，能说服你心甘情愿地下地狱，

并能使你跃跃欲试，巴不得立刻上路。

——安·比尔斯

最近，飞飞真的很忙。一方面是他们策划了一个多月的大型宣传活动终于要落地执行了；另一方面则是这次活动要提前上线，筹备期只有一周，执行部门表示实在做不到。

在进行了一次次艰难的沟通后，飞飞不得不哭丧着脸请教部门主管：到底该怎么说服执行部门加派人手，解决这次活动的落地问题？

1. 降低胜负欲，换取双赢

主管要飞飞先说说他们前期的沟通过程。于是，飞飞摆出一大叠资料，表示自己这次提前做了很多准备工作，以便向执行部门说明这次活动为何必须提前上线，但是执行部门就是油盐不进。飞飞气鼓鼓地说："他们都已经承认我说得对了，但就是不愿意配合我们执行。"

主管忍不住笑话飞飞："难道你是去跟人家打辩论赛的？承认你说得对有什么用？口服又不代表心服，降低自己的胜负欲吧！"

飞飞忍不住说："那要不请大老板出马劝劝他们？这可是公司的大单子，老板不会见死不救的。"

主管正色道："你是想让他们只配合我们这一次呢，还是以后次次都愿意配合我们？权力的大棒固然可以强迫对方就范，但是这对以后的合作关系有害无利。对跨部门的协作来说，我们之间是互相平等的，动不动就把大领导搬出来压迫对方服软，让对方不情不愿地被动执行，长此以往，彼此都会很痛苦，对工作的赋能也很低。"

例如，在很多销售课程里都是教学员如何"巧妙"利用人性弱点，把商品推销给客户。可是对于这样的"骗术"，客户事后一旦回过味儿来，只会产生厌恶心理，这对信任感的打击是毁灭性的。我们需要建立的是长久互信的合作伙伴关系，要知道，他们不是我们的对手，而是帮手。我们的目的不是赢过他们，而是和他们双赢。

2. 消除信息差，树立超级目标

"那怎么能让他们心甘情愿地帮我们呢？"飞飞问道。主管向她介绍了一个在沟通场景中经常用到的模型——乔哈里视窗。

乔哈里视窗将我们彼此的信息差分为了 4 个维度：我知道的、我不知道的、你知道的、你不知道的。并以此形成了 4 个认知区域：开放区，即我们都知道的信息；隐秘区，即我知道，但是你不知道的信息；盲目区，即你知道，但是我不知道的信息；未知区，即我们都不知道的信息。

	我知	我不知
你知	开放	盲目
你不知	隐秘	未知

从认知层面看，我们要说服他人，首先，要尽量消除彼此之间的信息差，扩大开放区，俗称"打开天窗说亮话"；其次，要在达成共识的基础上，树立一个符合双方利益、让大家都能为之努力奋斗的"超级目标"，把"我想做"变成"我们想做"，形成一个利益共同体。

如何扩大开放区呢？以开头的案例为例，飞飞针对"活动为何必须提前上线"所做出的说明，便是在通过缩小隐秘区扩大开放区。开诚布公，让对方了解自己这样做的原因。

但是，我们还应该缩小盲目区，了解对方拒绝的原因，针对对方的顾虑、困难进行说服。"在这次宣传活动中，我们作为策划部门，想当然地把自己摆到了主导地位，认为执行部门明知道活动时间很紧张，却不愿意配合我们行动，是在故意针对。但是，有没有可能确实存在无法执行的客观原因呢？比如人手有限，或者还有其他部门的活动需要执行。对于盲目区，我们应该进行善意的假设，而非恶意地揣测，这是合作中的大忌。如果确实存在困难，我们就要想办法帮助对方解决。"主管进一步说道。

3. 赢得对方好感的 6 个技巧

另外，我们还可以从说服者、说服句式、说服环境等不同角度，通过各种技巧更好地创造共识，形成超级目标。

（1）**不只提出问题，还要给出方案**。不要让对方觉得我们只是一个麻烦的制造者，可以基于当前彼此都认可的客观情况进行充分调研，参考类似情况下的典型案例，提出几个切实可行的解决方案来征求对方意见，以避免对方觉得这件事不可行而难以接受。我们甚至可以通过采取具体行动说服对方。

（2）**具有信念感**。如果我们讲的观点连自己都说服不了，又怎么能说服别人呢？在说服过程中，说服者的犹豫不决也会传递给说服对象。相反，一个语气果断、语速较快、充满信心和有个人魅力、能够真诚直视对方双眼的演说者，可以传递给对方坚定的信念感和感染力。

（3）**营造权威性**。充分的事前准备，加上一个具有权威感和可信度的专家人设，更容易使我们取信于人。或者，也可以寻找一个对方知晓且信任的第三方为你背书，表示这个方案是可行的。

（4）**立场客观**。说服者的立场会影响说服对象的判断，如果对方认为我们只是出于自身利益才这样说，那就很难认同我们的目标。相反，如果能站在对方角度，设身处地替对方考虑能从这件事中获得什么好处，他就更容易被说服。

（5）**赢得赞同**。可以先表达一个你们彼此都认可的观点，拉近彼此的距离，这样在讲述差异性观点时就更容易被对方接受。

（6）**拆出小请求**。先提出一个比较困难的大请求，对方拒绝后，再提出一个适中的小请求，那么这个小请求就更容易被对方接受。

4. 让说服事半功倍的 3 种句式

（1）**"复述 + 肯定 + 建议"句式**。当对方的观点与我们不一致时，可以先复述他的观点（让他知道我们听到了，并确认我们听到的是否正确），再肯定他的观点（"你说得对，这件事确实存在客观困难"），最后提出自己的建议（给出可能的解决方案）。句式如下：你提出的……（复述对方观点）我觉得很有道理……（具体哪里有道理）我们是不是还可以……（讲述自己的建议）。

（2）**多用正向激励的句式**。"这件事本身就很困难，在推进过程中你真是辛苦了，我可以帮你减轻负担吗？我应该如何配合你？"（潜台词：我只是给你打下手，你才是我们的顶梁柱）给对方加油打气，正向赋能。

（3）**多说"我们"，少说"你"，让对方相信"我们是自己人"**。

其实，选择一个合适的环境也可以让说服事半功倍。比如投其所好，播放一首对方喜欢的音乐，点一杯对方喜欢的奶茶，让对方先有一个好心情，再亮明我们的观点，就会让人把这个观点和好心情联系起来，显得更容易被对方接受，这也叫作"好心情效应"。

魔鬼说服：看看你是哪一种

被动姿态 　　　　　　　　　主动姿态

内心戏	好讨厌，他们怎么都说不动，摆明故意刁难我	对方肯定有自己的理由，我要有针对性地进行劝说
画面1	不配合就直接找领导施压	发现双方共同的利益点，以此说服对方
画面2	不管对方有什么困难，都请他们自己想办法解决	主动了解对方拒绝的原因，针对困难提出应对方案，想办法解决问题

教练三问

❶ 回忆你最近一次被别人成功说服的场景，说服过程中对方做对了什么？

❷ 在说服他人这件事上，你觉得自己最值得嘉许的优势是什么？

❸ 在说服过程中，你觉得最难的点是什么？这个点的背后是我们的什么需求在作怪？

职场 生存卡

魔鬼说服

认知重塑

说服的目的不是赢过他们，而是和他们双赢。

高手支招

把对手变成队友，把一次赢变成次次赢。

六个技巧，赢得对方的好感

- 不只提出问题，还要给出方案
- 营造权威性
- 赢得赞同
- 具有信念感
- 立场客观
- 拆出小请求

三种句式，让说服事半功倍

- "复述+肯定+建议"句式
- 多用正向激励句式
- 多说"我们"，少说"你"

你的领导也需要被鼓励
——赋能反馈

看见他人身上的良善，永远不会造成伤害。人们通常会因为
你的"看见"，做得更好。

——杰克·康菲尔德

最近，飞飞的主管领导受邀参加一场业界活动，主管邀请
飞飞一起去听业界"大咖"的演说，说不定会对飞飞自己的业
务有所启发。会场上，干练自信的主管站在演讲台上侃侃而谈，
飞飞聚精会神地记了好几页笔记，巴掌都拍烂了。说实话，她
真不是为了恭维领导才这样，她确实觉得主管太厉害了，不仅
幽默风趣，还让她收获了满满的干货。

没想到，主管下台以后居然要请飞飞吃饭以表示感谢，飞飞懵了，自己有啥需要领导感谢的？主管郑重其事地说："其实这次活动'大咖'云集，我一直很担心自己能不能讲好，内容是不是对听众有用，但是一看到你在台下闪闪发亮的眼睛，还一直在回应我抛出来的梗，我就觉得特别有底了，越讲越自信。"

飞飞调侃说："自己本来是寻求被'大咖'赋能的，没想到自己也做了一把赋能者。"

主管肯定她道："是呀，赋能是不分能力大小和职务高低的，每个人都渴望被看见，因此人人都可以成为赋能者。哪怕你是一个听众，你也可以给演讲者赋能。我曾经说过，在沟通中，传递和反馈缺一不可，今天就是因为你在倾听时给了我很多正向的反馈，我才能输出更多有用的观点。换句话说，我们是在双向赋能呀，这就是'看见'的力量！"

"看见"的力量非常神奇，就像我们本来站在一片漆黑的舞台上，突然一束光打了下来，我们被"看见"了。这满足了

马斯洛需求层次理论的第三层——"归属和爱的需要"，有着巨大的疗愈能力。

那么，我们应该如何成为赋能者，为大家赋能呢？

1. 事实角度赋能：你听到了什么

我们可以从事实角度赋能，发现对方某个与众不同的事实。

句式："我听到……（某个有关对方的事实）。"

首先，这个事实不能太过显而易见。比如，夸一个模特很高，夸一个演员很美，这对他们来说都是司空见惯的夸奖了，自然无法为他们赋能。

其次，这个事实要区别于其他人，具有差异化。不一定独一无二，可以是一个很小的闪光点，甚至连闪光点都不是，只是一个小特点而已，但你能注意到，这也是赋能。比如"我看到你在演讲中有一个独特的手势，其他人都没有，我觉得很特别"，有可能这个手势是对方特意设计的，那么被你看到了，他就会觉得自己"被看见"了。

如果实在找不到这样的点，没有"功劳"也可以夸夸"苦劳"。比如，"我看到了你的努力/我看到了你的认真。"

但其实，很少有人身上完全找不到闪光点，只是我们缺乏"看见"的能力。人和人之间就像照镜子，我们总会将对自己的评价投射到他人身上。正如列夫·托尔斯泰所说："一个人越聪明、越善良，他看到的别人身上的美德越多；而人越愚蠢、越恶毒，他看到的别人身上的缺点也越多。"因此，当我们"看不到"他人的时候，不妨想想是不是自己的原因。

2. 情绪角度赋能：你感受到了什么

我们还可以从情绪角度赋能。

首先，"看见"他人的情绪。比如，当对方愤怒时，不要责怪他为什么生气，也不要劝导他消消火，而是承认他的情绪的合理性，表示"这件事换作是我也会生气"。这样，对方生气的点就"被看见"了。

其次，"看见"对方带来的情绪价值。句式："我感受到……（有关对方的情绪）"。

赋能是双向的，因此在对方赋能给我们时，我们可以积极反馈在这次赋能中感受到的情绪，指出因为对方做的某件事，让我们产生怎样的感受，让赋能者自己也"被看见"、被赋能。比如"通过领导给我的这个大项目，我感受到了领导对我的信任和支持"，这也是一种对于领导的向上赋能。

3. 行动角度赋能：你将会怎么做

我们还可以从行动角度赋能。

首先，"看见"他人的行动。比如，"我看到你在方案中使用的颜色和客户的标识色是同一个色系，这是特意设计的吗？"这样，我们不仅看到了对方与众不同的事实，还在事实的基础上看到了对方的行动。

还可以更进一步，激励对方提炼出他行动的方法论，从而长效为对方赋能——使得对方可以通过总结这次的方法，获得长期的收益。并且可以推广开来，使用这个方法，为更多人赋能。比如，"我看到了你在这个项目中取得的成绩，你是怎么做到的？"

其次，通过行动赋能。赋能不是只能靠语言，靠行动的赋能更有力。比如，飞飞在主管演讲的时候埋头记笔记，就是一种行动赋能。甚至，我们还可以通过求助向对方赋能，使对方在帮助我们的过程中获得成就感。

最后，可以感谢对方带给我们的行动改进。因为听取了对方的方法、建议或批评，让我们打算付出行动、做出改变。句式："我打算……（因为有关对方的行动计划）。"比如，"因为你之前对我的赋能，让我打算这么做。"

这就是通过"看见"与"被看见"传递的抚慰人心的力量。最终，这样的双向赋能将形成正向的循环，在我们与他人、我们与世界之间流动，让我们都变得越来越好。

赋能反馈：看看你是哪一种

被动姿态

主动姿态

内心戏	赋能别人对自己没什么好处，多一事不如少一事	和大家在双向赋能中相互促进，以成为更好的自己
画面1	认为他人有情绪是不对的，他们应该自行消化	主动安抚他人的情绪，让对方感受到理解和认同
画面2	不觉得他人身上有值得自己学习的地方，也不想听取别人的建议	主动求助他人，询问做事的方法论，感谢对方帮助自己改进

教练三问

❶ 如果用5分制（5分代表"非常频繁"，1分代表"从来不"）给你在平时工作沟通中的赋能频次打分，你给自己打几分？

❷ 根据赋能三层次，你最期待对方在哪个层次上给你赋能？

❸ 在接下来与你的领导进行的一场沟通中，你打算如何用赋能的方式进行这次对话？

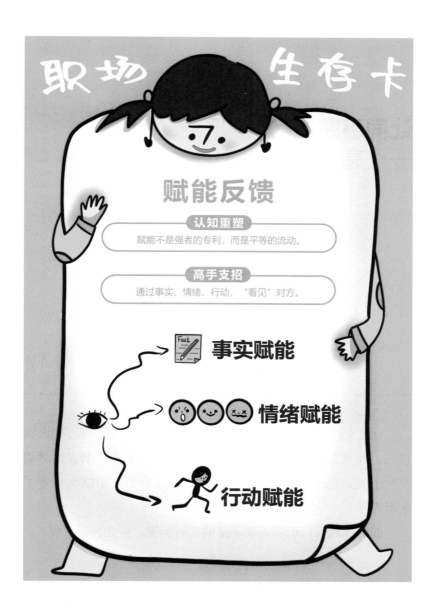

职场 生存卡

赋能反馈

认知重塑

赋能不是强者的专利，而是平等的流动。

高手支招

通过事实、情绪、行动，"看见"对方。

事实赋能

情绪赋能

行动赋能

让同事愿意配合你干活
——高效合作

一件看起来是吃亏的事，往往会变得非常有利。

——李嘉诚

让我们书接上回。运用前面两节中讲到的倾听技巧和说服技巧，飞飞发现执行部门之所以无法加派人手来帮助宣传活动及时上线，是因为在同一时间段，公司还有另一个活动分走了大半人手。

面对执行部门确实人手不足的客观情况，可如何是好呢？

1. 资源置换，让资源流动起来

时间紧、任务重，飞飞意识到，只有合作才能共赢。这次，飞飞把之前运用过的乔哈里视窗模型变换成了"合作共赢之窗"。

飞飞运用"合作共赢之窗"盘点了彼此手中的资源，走出了合作共赢的第一步，即明确了"我有什么，我要什么"和"对方有什么，对方要什么"。这一步的核心在于让资源流动起来，通过自己拥有而对方没有的资源，置换自己稀缺但是必要的资源。这需要我们积极思考：谁的手里具有这样的资源？我们能提供给对方怎样的资源？对方需要这些资源吗？

2. 目标一致，让合作共赢起来

接下来，就是合作共赢的第二步——保持目标一致。我们在前文已经知道，合作的重要前提是挖掘"超级目标"，这个目标必须符合双方的共同利益，是大家都想要达成的，且任何一方单凭自己的资源和精力都无法独自达到。基于此，超级目标可以让大家团结起来，凝聚力量为此协力奋斗。

我有什么	我要什么	我的目标
你有什么	你要什么	你的目标

在此次合作中，飞飞需要思考：两个部门的目标分别是什么？是否能达成一致？

经过分析，从目标角度看，两个部门目前的阶段性目标是一致的，那就是成功完成此次活动的落地。从资源角度看，飞飞部门缺乏对于活动的执行能力，他们需要执行部门帮忙让活动落地；而执行部门缺乏人手，但是有着非常丰富的执行经验，只要调来几位人手补充力量，就可以立刻带他们上手；此时，飞飞部门的策划案已经完成，当下正好有几位同事有空闲，可以提供支援。

3. 体谅对方，让吃亏有利起来

于是，飞飞向部门主管建议，派自己部门的几位同事前去支援执行部门。这个看似有点吃亏的举动却得到了执行部门的一致好评：其他的合作团队只知道向他们施压、提要求，让人苦不堪言，只有飞飞所在团队是真的在帮助他们解决问题，让他们以后也更愿意优先选择飞飞团队进行合作。

而飞飞团队也抱着感恩的心态，真诚地感谢了执行部门此次的雪中送炭，在自身业务已经如此紧张的前提下，还愿意协助他们将活动成功落地执行。

在这样的合作共赢模式之下，虽然飞飞团队的同事看似吃了点亏，却让执行效果得到了保证，促成了整个活动的成功落地，整个团队也赢得了更多项目奖金。

其实，在团队合作中，付出时要多体谅对方，分利时要多退让一步。不仅要看到对方的付出，有时谁多做点或谁多拿点，也不用太过斤斤计较。

李嘉诚曾经基于一段自己做生意的真实经历，说过这样一句话："一件看起来是吃亏的事，往往会变得非常有利。"

李嘉诚在二十多岁做生意时，有一家贸易公司向他订购了一批玩具，准备销往国外。当他将货物运输到国外，准备收取货款时，对方负责人却说外国买家因为经济问题无法购买了，但贸易公司愿意赔偿损失。李嘉诚在对市场行情进行了分析后，认为这批玩具很有市场，不愁买家，因此表示不用这家贸易公司进行赔偿了。

后来，李嘉诚又开始转做塑料花生意。有一天，一位美国商人找到他，说经某位贸易公司负责人的推荐，认为李嘉诚经营的是全香港规模最大的塑料花厂，希望能够跟他合作。事后，李嘉诚才知道，原来正是昔日那位贸易公司负责人在美国商人面前替他说尽了好话，说他是一位值得信任的生意伙伴。最后，美国商人同李嘉诚签了首个大订单，日后又形成了长期的合作伙伴关系，使李嘉诚的业务得到了长足发展。

这告诉我们不要害怕吃亏，一时的吃亏，跨越时间维度来看，往往会变得有利。只要被帮助的人心存感激，我们就拥有了社会债权，在以后的合作中对方会更信任我们，我们遇上需要求人帮忙的事情时也更容易获得帮助；反之，如果过于计较得失，则容易让人觉得心胸狭隘、不好相处。其实在职场中，谁是真正干事的人，长久以来大家尤其是领导都是能够看到的。

4. 协调平衡，让"责权利"清晰起来

不过，在飞飞团队和执行团队的首次紧密合作中，还是出现了一些有待磨合的问题。

在一次会议中，这些问题终于爆发了。义务帮忙的飞飞团队兢兢业业地指出了目前执行中存在的若干问题；执行部门的同事则抱怨飞飞团队总是指手画脚，插手他们负责的事项，使得本来已经确定了的执行方案一改再改，严重拖慢了项目进度。而飞飞团队更是感到委屈，活动方案最初就是由他们策划的，他们这不是为了负责任吗？

两个部门的主管碰面后发现，这是由于协作中的"责权利"模糊，导致的角色边界和分工不清问题，后来甚至出现了一个

人干活、一堆人提意见的荒唐现象。

　　什么是"责权利"呢？顾名思义，就是责任、权力、利益。理想情况下的责权利分配应该是一个等边三角形，也就是说，我们在团队中获得了多大的调配资源的权力，那么就相应承担着对这个事项的多大的责任，故而也收获多大的利益。

　　但是在真实情况下，责权利往往会变成一个等腰三角形，因为我们每个人都想拥有更多权力和利益，而不想承担责任。而且，我们会高估自己所承担的责任，总认为获得的权力和利益与自己所承担的责任不符。

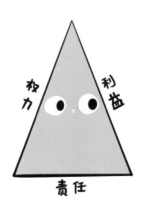

因此，在一个高效的团队中，我们必须强化角色意识，做到指定责任、清晰授权、承诺利益，取得三者之间的平衡。具体到飞飞这次遭遇的事件，就意味着他们应该和执行团队明确划定谁是最终拍板的、谁是参与干活的、谁是支持协助的，厘清责任和权力的边界。一方面，每个人都需要对自己手中的工作负责；另一方面，不能越界插手别人负责的工作，如果意见出现分歧，应该服从相应负责人的安排。

当然，你或许会觉得这只是老板的事情，甚至觉得老板的利益分配从来都不够公平。那么我们需要想一想，利益只是所谓的金钱利益吗？如果通过某项工作，我们可以快速提升某项技能、补齐自身短板，从而提高我们的个人价值，那么这项收益是不是也很值得？

那么，我们是不是就不能对超越自身职责范围的事情提建议呢？在提问前，先问问自己这 5 个问题。

（1）**自己分内的工作是否完成？** 在尽好本分的前提下，再做额外的事情。

（2）**是否站在不同角度，充分了解过相关信息？** 事情真的是我们看到的这样吗？它会否牵扯到多个部门的复杂情况？不要信口开河，提出毫无根据的建议。

（3）**是否在其他人中也能形成共识？** 要多方求证，不要因为个人的兴致所致，提出一家之言。

（4）**是否能提出更好的解决方案？** 无建设不建议，如果不能帮助改进，甚至亲自参与问题解决，就不要夸夸其谈。

（5）**主观动机是否出于善意？** 不要只是为了显摆自己的能力而指责别人，建议也最好私下提给直接负责人，不要在上级领导面前当众使人难堪，成为大家眼中那个爱打小报告的投机分子。

高效合作：看看你是哪一种

被动姿态　　　　　　　　　　　　　主动姿态

内心戏	想要其他人无条件地配合自己完成工作	让大家都愿意主动推进，这样工作成效才有保证
画面 1	只知道索取自己需要的资源，不管对方需要什么	经常换位思考，明晰自己能提供给对方什么样的稀缺资源
画面 2	不知道自己负责哪一部分，也不知道其他部分的负责人是谁	主动明确各自的分工权限，充分尊重对方的角色边界

教练三问

❶ 合作中，你秉持的信念是什么？

❷ 询问你曾经合作过的 3 个伙伴，他们如何评价你在合作中的状态？

❸ 如果你即将启动一个重要的合作项目，你会做出的一个重要改变是什么？

职场 生存卡

高效合作

认知重塑

不是合作才能共赢，而是共赢才能合作。

高手支招

让资源流动，让合作共赢，
让吃亏有利，让责权利清晰。

资源置换，让资源流动

我有什么	我要什么
你有什么	你要什么

目标一致，让合作共赢

我有什么	我要什么	我的目标
你有什么	你要什么	你的目标

协调平衡，让"责权利"清晰

责任、权力、利益

第七章

职场高手的
6个特质

自我觉察

要觉察到真正的自己，我们必须停止这种想要成为他人的挣扎。

——克里希那穆提

作为一个优秀的职场人，如果只保留一个特质，那最应该保留的就是自我觉察的能力。

1. 觉察就是清醒，知道自己当下正在经历什么

什么是自我觉察？心理学给出的定义是，自我觉察指个体能够辨别和了解自己的感觉、信念、态度、价值观、目标、动

机和行为。自我觉察意味着一个人开始超越自己的心智，让觉察的自我从心智中分化出来，作为一个对象加以认识。自己心里生出一个旁观者，能够完全客观地观察自己，敏感地抓住自己身心的每一点变化。简单来说，觉察就是保持清醒，自我觉察就是知道自己当下正在经历什么。可能你会觉得这听起来很可笑，认为只要自己不处于睡眠状态就是清醒着的。而事实上并非如此，我们常常处于无意识的"自动驾驶状态"，关于这一点，下文会提到。

而自我觉察之所以重要，是因为自我觉察的过程也是认识自我的过程，而认识自我本身就是自我成长的主要目的之一，所以自我觉察是我们每个人成长的必要条件。职场中的我们想获得真正意义上的成长，自然离不开自我觉察能力的提升。

2. 觉察越深，就越有机会成长

张德芬老师曾说："不要成为自动化机器，我们要成为一个有觉察力的人。"觉察力从低到高有 4 个层次。

第一层次：不知不觉——一点儿也没注意到。这也被称为"自动驾驶模式"，别人给我们一个反馈，然后自己感到很惊讶："啊？真的吗？当时一点儿也没注意到啊！"这样的场景是不是很熟悉？如果你常处于这种状态，那就要认真反思一下了，这就是没有觉察力的状态。其实很多人都处于这个层次。

第二层次：后知后觉——事情发生后觉察了。比如，领导批评你项目把控有问题，你当时说是因为客户不配合，同事也不给力。但说完后，你心里意识到这是自己怕领导觉得自己的能力差而找的借口。到这一层次，你已经具备了我们常说的反思能力。

第三层次：当知当觉——事情发生过程中很清楚自己的状态，并根据自己的目的做出选择。 比如，你和客户正在开会，你的客户对项目进展不满意，所以对你大发脾气。你听了心里很不舒服，但此时你意识到开会的目的是推进接下来的工作，所以你任由他发脾气，也没有选择跟客户解释，而是选择了表达歉意和理解客户的感受，并主动提出接下来应该探讨如何推进这个项目，这就是一种当知当觉的处理方式。能做到这一层次的人少之又少。

第四层次：先知先觉——事情还未发生就已经开始未雨绸缪，清楚自己应该如何投入，为未来积极蓄能。 处于这一层次的人的觉察力就很强了，通常这样的人做事情成功的概率都很大，他们对当下的环境有清晰的认知，而且也很清楚自己要什么，所以做任何事都很有自己的章法。当然，他们的招数也是一般人看不懂的，所以，这样的人也常常是那些被模仿而永远无法被超越的人。

觉察，让我们有机会停下来先看一看，然后做出选择。不断练习觉察力，可以让我们越来越明智。

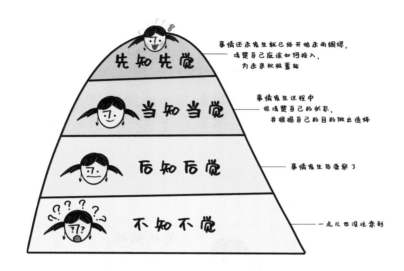

先知先觉 —— 事情还未发生就已经开始未雨绸缪，
想想自己应该如何投入，
为未来积极蓄能

当知当觉 —— 事情发生过程中
跟进着自己的状态，
并根据自己的目的做出选择

后知后觉 —— 事情发生后觉察到

不知不觉 —— 一点儿也没法察到

3. 教你两招提升觉察力

（1）**以他人为镜，提升自我认知**。觉察的起点是更全面地认识自己，只有这样，我们才能更好地发展。所以，不断地认识自己，是一个优秀人士毕生的功课。你可以向你身边的家人、同事、朋友询问，在他们心目中的你拥有什么特质（可以让他们用形容词来形容你），你的态度要真诚，告诉他们你只是为了更好地了解自己，所以不用为了某些原因而刻意说出一些赞美的词语，同时告诉他们，无

以他人为镜，
提升自我认知

论好坏，给你最真实的反馈，就是对你最大的帮助和关爱。

（2）**关注情绪，写觉察日记。** 留意自己的情绪，可以每天记录一点相关的情绪日记。首先，你需要写下自己当时的情绪，要知道，情绪没有好坏之分，每种情绪的背后都隐藏着我们未被满足的需求，并蕴含着可以支持我们的能量。要把这些情绪写下来，并感受这些情绪，主动去情绪背后探寻自己的真实需求。这样的练习持续一段时间，你就会发现自己的觉察力有明显的提升，随之而来的是，你周围的同事和领导会看到你在工作过程中一些向好的改变。

关注情绪，
写觉察日记

教练三问 ···

❶ 当下你正在做什么？你正在获得怎样的情绪体验？

❷ 你的目的是什么？你确定这是自己想要的吗？

❸ 为了拿到你想要的结果，你应该保持什么、停止什么、开始什么？

热情

热情的本质在于它的自发性。

——哈代

2022 年，在冬奥会自由式滑雪女子大跳台决赛中夺冠的谷爱凌，成功挑战了高难度动作，收获了全世界的宠爱和目光。如果说这个夺冠的结果是收获了大家的赞赏，我觉得金牌背后谷爱凌的态度更值得被看见："我不是为了比赛而滑雪，我最初做这些事情是因为我喜欢，然后顺便开始比赛，顺便开始赢。"她滑雪就是单纯地因为热爱、喜欢，成功只是热情的副产品而已。

爱默生说过："在这世界的历史里，每一个伟大的有威力的时代的产生，都是由于某一种热情得到了胜利。"19 世纪，时任英国首相的狄斯雷利也曾说："一个人要想成为伟人，唯一的途径便是做任何事都抱有热情。"

所以某种程度上，你和成功之间，就差了一个热情的距离。

1. 看看你的热情属于哪一种

相关研究数据显示，中国仅有 6% 的人就职于自己热爱的领域，那就意味着，在中国，有 94% 的人在工作中处于不开心、无法实现自我满足的状态。如果此时的你正充满热情地享受着你的工作，那么真的要恭喜你，而如果你属于 94% 的绝大多数人中的一个，这篇文章也许可以给你一些启发。

不要跟我说你是一个没热情的人，因为我相信，每一个活着的人起码对于活着这件事是有热情的，否则我们就不会存在于这个世界上了。

只是我们的热情强度不同，有高有低；倾向性不同，你喜欢这而我喜欢那；有些人的热情源自外部的刺激，比如，他们会对获得金钱和名声有热情；而有些人的热情则源自内部的追求，比如，他们会对那些践行自己生命价值观的事情充满热情，甚至不太在意能获取多少金钱或获得多少荣誉。研究表明，因外在刺激而产生的热情持续时间短暂且缺乏力量感，而来自内在动机产生的热情则更具韧性，持续时间也更长。尤其当一个人的内在动机是服务于他人时，人会精力充沛，并且表现出超强的意志力和创造力。那些成功的企业家和政治家便是如此。

你的热情属于上面提到的哪一类？

在工作和生活中，你经常体验高强度的热情，还是经常体验低强度的热情？

你的热情更多地来自外在的激励，还是来自内在清晰的生命热情？

你的热情持续的时间通常是短暂的还是持久的？

如果你想取得职场中的成功，那么你必须找到自己的内在热情，并努力找到自己内在的热情和工作的社会价值之间的交叉点，这样你就会拥有持久的热情和越来越丰硕的成果。

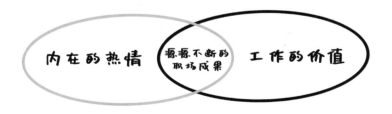

2. 拥有内在热情的人，更容易达成目标

博伊尔曾说："伟大的创造，离开了热情是无法做出的。

这也正是一切伟大事物激励人心之处。离开了热情，任何人都算不了什么；而有了热情，任何人都不可以小觑。"热情在本质上就是一种积极向上的力量，热情是工作的灵魂，它让我们在面对困难时获得一种心甘情愿、以苦为乐的精神力量，而这种力量可以支持我们沉下心来积极面对困难和挑战，也能使我们充满创造力，从而达成目标并获得成功。

拥有内在热情的人，也往往更具影响力。神学家约翰·卫斯理（John Wesley）曾说："用热情点亮自己，人们会从几英里远来看你燃烧。"当你充满热情地投入工作，你的同事会因你而受到感染和激发，从而更愿意参与和支持你的项目；当你充满热情地投入工作，你的领导会更愿意给你更多的授权和信任；当你充满热情地投入工作，你的客户会更愿意把项目交给你，使你获得更多业绩。

试想，如果你持久地处于这样的状态，职场的升职加薪还是难事吗？

3. 把握 3 种情况，找到职场的内在热情

如果此刻的你正在享受职场的热情，那么真的要恭喜你，你正走在职场成功的路上。如果你依旧对自己的工作没有热情，不知道该怎么办，那么首先你可以看一下自己属于以下哪种情况。

如果是情况 1，那么建议你去咨询一下心理医生，也许你正处于人生的某个低落时期，求助专业人士的支持，有助于你找回对生活的热情。

如果是情况 2，同时你的爱好已经超过了一般的兴趣阶段，而是通过一定的专业积累达到了志趣的阶段，甚至你的爱好已经升级到与自己的人生愿景使命紧密相连的程度，那么建议你

把爱好作为自己的职业去发展。毕竟有一份深沉持久的热爱，是一件来之不易的事。现在的新职业发展也很活跃，相信你带着内在的热情，能闯出一片属于自己的天地。如果没有到这样的阶段，那么你可以考虑把爱好与你的工作结合起来，让爱好助推你创造出自己的职业差异化竞争力。比如，我的一位同事很喜欢画画，并将自己的这个爱好应用到了自己的工作岗位上——她把复杂的数据报告用漫画风格呈现出来，清晰易懂，受到很多客户的好评，她的职场获得感和幸福感都得到了大大提升。

情况3：
我喜欢过舒服的日子，
没有特别的爱好，
对工作提不起什么热情。

如果是情况 3，那么建议你把公司当作自己实现社会价值的通道，让公司为自己所用，培养内在愿景。只要你加入的是一家正规公司，那么这家公司一定会有一个推动社会进步的美好愿景和使命，因为公司就是推动社会发展的最小单元。基于这一点，我们可以转化一个认知：你不是在为公司打工，而是借用公司这个通道去实现自己的社会价值。把自己看作公司创始人的合作伙伴，你可以不用承担任何创业风险和压力，就可以实现自己的社会价值。如果你还没有找到自己的人生愿景，那么建议你使用这种方式把自己推动社会发展的大我召唤出来，此时相信你对所从事的工作会有不一样的感觉。当你有一天真正找到了自己的人生使命，你完全可以掉头调整，忠于自己的内心选择。

除此之外，还建议你选择一项自己想尝试的运动爱好，并给自己制订一个持续练习的计划，每次练习时长至少在半个小时以上，当你持续运动 3 个月或者半年后，你不仅会拥有更健康、更有活力的身体，还会体会到一种经由中强度投入后产生的内啡肽层面的快乐，这种快乐可以激活我们生活的内在热情。当热情有了一个支点，它就会像星星之火一样点燃我们的其他方面，自然也会激活我们在职场中的热情投入度，而当我们在职场中投以更大的热情，就会启动一个强有力的正向循环。热情的人总有好运，做一个热情的人吧！

教练三问

❶ 回忆你曾经最有热情的时刻，你的状态和感受是怎样的？

❷ 你是如何运用内在热情达成目标的？

❸ 如果从你现在的工作中寻找一个与自己内在热情的连接点，那会是什么？

自信

自信是英雄的本质。

——爱默生

1. 拥有工作经验，并不等于拥有自信

初入职场不久的你，是不是觉得缺乏自信？你是否会羡慕那些站在台上侃侃而谈的自信面孔，想着什么时候自己也可以成为像他们那样拥有光环的人？与那些拥有更多职场经验的前辈相比，你是否常常觉得自己做得很差？而且也常常会因为缺乏经验而犯错？更要命的是，你甚至觉得自己缺乏自信是很正

常的。你心里想着，等自己多积累几年工作经验，就会变得越来越自信了，但是，我可以负责任地告诉你，事实不是如你想象的这样。很多拥有多年工作经验的人，并没有变得越来越自信，相反，他们由于天天做着太熟悉的工作而很快失去了好奇心和热情，内心一潭死水，外在也显得疲累和暗淡无光。

自信并不来自于外在的拥有，而来自于内在的自我完善。很多时候，我们之所以自卑或者具有讨好型人格，是因为自我发展不完整，对自己不够接纳。

2. 自信的人长什么样

自信的人自带光芒，在人群中你很容易感受到他的气场。他们双目如炬，喜欢使用手势；声音洪亮，语速适中；展示出一种让人觉得舒服的气场，你能感受到他对你的尊重和他的智慧主见，很有感染力。

自信的人，常常很认可自己所追求的目标，自我价值感强，并坚信自己有力量与能力实现所追求的目标。他们不怕失败，也听得进去不同的意见和批评的声音，面对失败，他们不会否定自己，而是会积极反思，以求做得更好。失败和挑战不会让他们灰心，反而会让他们体验到探险和创造的乐趣，产生兴奋感。通常，一个人的自信程度与他获得成功的概率成正比，自信心越强的人，越能够产生强大的精神动力和进取激情，他们也总能整合不同的资源，不断想出很多新的想法，排除一切障碍去实现自己的目标。

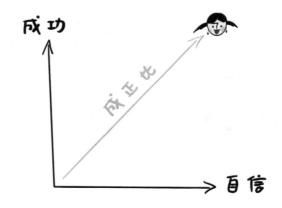

在生活中，自信的人往往会赢得更多欣赏和尊重，他们也更具有影响力。拥有自信品质的人所获得的幸福感也往往比一般人多很多。

3. 想要成为自信的人，练习这四招

（1）停止和别人的比较，学会正确评价自己。千万不要把

自己的定位脱离于自身的实际情况，过于抬高或者贬低自己的行为都不可取。比如，你入职刚一年就跟工作十年的老员工比能力显然是不合适的，只会给自己带来不必要的挫败感。我们要追求进步，但是一定要有认清现实的能力，正确认识自己的不足，只有这样，才有可能不断地学习和改进，进而提高自己的能力和水平。

（2）**多尝试没有做过的事情。**一个人的自信是无法从重复、熟悉的事情中获得的，我们需要不断地从陌生的事情中获得经验，让我们的能力显现出来。如果从生活的无数小事中都能创造"我可以"的体验，会大大增强我们的自信心，尤其是那些开始时没思路，经由探索成功了的事情。

（3）**写出自己过往的英雄故事。**可以写自己曾经历过的英雄故事，涉及你如何面对挑战实现逆袭。通过对这些故事的梳理，你会逐渐看到自己本来就具有的宝贵品质和能量，也会越来越相信自己。

（4）**相信自己，对自己说"我可以"。**每当我们遇到一些具有挑战性的事情时，都要很坚定地相信自己"我可以，一定有一个出口等着我去发现"，然后我们就会有一种探险的兴奋感，对接下来自己找到的创意和解决办法充满期待和信心。而事实也证明，如果我们常常受益于此，屡试不爽，我们会变得越来越自信。

　　什么时候就能知道自己拥有了自信的品质？答案很简单，当你不再基于外在的结果或者他人的看法来评判自己时，你就成为自信的人了。

教练三问

❶ 现在想象一下，一个真正自信的自己是什么样的？

❷ 你身上有哪些优秀的品质？你擅长什么？

❸ 你可以从这件有挑战性的事情中获得什么能力的提升？

负责任

责任感与机遇成正比。

——威尔逊

1. 我是受害者，我没有办法

因为今天上班路上堵车很严重，所以我迟到了。

因为昨天临时又插进来好几件事情，所以我的PPT没写完。

因为昨晚写到很晚也没写完，所以我今天交不了报告了。

因为上一个会议拖延了时间，所以我参加这个会议来晚了。

因为我的客户特别难伺候，所以我不想做这个项目了。

因为我的下属特别不给力，所以项目质量没法交付。

因为这家公司问题太多，所以我想离开了。

听到这些，是不是觉得很熟悉？

是啊，我们总能轻而易举地找到很多合理的理由支持我们为什么没做到。当我们把没做到的原因归结为外因时，我们内心可以获得免责，还可以获得别人的同情、怜悯，甚至帮助，这就是做弱者的好处。但想一想，如果我们一直习惯于做弱者，会带来怎样的后果呢？我们将没办法被赋予更大的责任，没办法增强我们的能力，也不会得到别人的信任和尊重，自然也没办法获得职业的成长与晋升。时间久了，还会形成一种可怕的心理定式循环——我们自己也承认自己不行，因为我们一次又一次地用行动证明自己做不到。

还要继续这样吗？此刻，你可以做出一个选择：一条路指向继续为失败找借口，终点指向成为一名弱者；另一条路指向成为一名负责任的人，终点指向成为一名强者。

2. 我是创造者，我可以负起责任

负责任的人的逻辑是怎样的？让我们来反转一下。

因为我没有考虑到通勤情况，所以我迟到了，下次我可以提早出发。【提升点：时间规划的能力】

因为我没有很好地协调好各工作事项的时间，所以我的PPT 没写完，下次我可以把临时插进来的事项协调好，有些事项其实没有那么紧急。【提升点：优先次序意识和沟通协调能力】

因为我昨晚写到很晚也没写完，所以我今天交不了报告了，

下次我可以做一个更合理的报告写作计划。【提升点：报告写作规划能力】

因为我在上一个会议里没有提醒主持人我接下来有一个非常重要的会议，所以来晚了，下次我可以提前跟主持人沟通好我的时间安排。【提升点：重视承诺的意识和沟通协调的能力】

因为我没有非常清楚地理解客户的真实需求，所以项目推进不顺利，下次我可以在项目前期对客户做更深度的需求调研。【提升点：深入挖掘需求的能力】

因为我没有很好地分解工作内容，致使我的下属不知道如何高效地配合我展开工作，所以项目因质量问题没法交付，下次我可以提前把项目工作内容的拆解做得更清晰，并且给予我的下属更多的信任和指导。【提升点：目标分解和授权下属的能力】

因为我看到了公司的一些问题，所以我们有机会通过改善这些问题一起把公司建设得更好，下次我可以在我的职责范围内做一些改善性的尝试行动。【提升点：解决问题的能力】

因为我……（归因自己），所以我……（主动承担结果），我可以……（做出调整）。

看到了吗？负责任的人呈现出一种主动管理结果的姿态，并不是说负责任的人就一定能保证不出错，但是他们至少可以创造更多的可能性。负责任的人总是可以看到更多可以提升自己的机会点，所以他们自然会比一般人表现得更优秀。负责任让我们变得更加勇敢，可以看到更多资源，从而得到更多欣赏和支持，同时也会赢得更多成功的机会。

需要特别指出的是，负责任不等于要批评自己，给自己"插刀子"，而是从"我可以如何做得更好"的角度自我优化。在这个逻辑里，"我"是这件事的主人，因为我处于能动者的状态，换句话说，就是当我调整了我的行动策略，这件事就会走向不同的方向，这件事的走向因我的调整而发生变化。此刻，负责任的人其实是很有力量的，而且这个过程是非常愉悦的，"我"的存在感也会不断增强。

成为创造者，而不是受害者。

愿意创新和尝试。

有为结果负责任的担当。

重承诺，每个承诺背后都是一次提升能力的机会，也是一次强化我们个人品牌的机会。

负责任的人创造更多可能性，不负责任的人寻找更多借口。

3. 成为一个负责任的人，这四点必不可少

（1）**写下自己最近出现的抱怨他人的句子，反转它**。学习上面的改写方式，把自己从一个受害者角色反转成为一个负责任的创造者角色。不断练习，直到负责任的思维方式成为自己的日常习惯。

（2）**多练习说"这件事，我来负责"**。感受当这句话说出来的时候，自己内心有怎样的变化。

（3）**练习践行承诺的能力**。列出每日承诺完成的重要工作内容清单，并认真思考你将如何确保承诺达成。不断立下承诺，再不断达成承诺，在这个过程中，我们会变得越来越自信，并能激发出内在的力量。

（4）**重要项目完成后，及时做复盘**。项目完成后的复盘工作是必要的，对标项目目标，总结其中自己做得好的地方与需要改进的地方。可以写下做得好的需要保留的地方，做得不太好需要改进的地方，需要创造并开始执行的动作。这种复盘的方式会使我们更客观地看待自己的表现，从而避免片面地否认自己。不断提升复盘能力，不仅会让我们获得越来越多的正向结果，而且会让我们在舒服的状态下成为一个越来越负责任的人。

教练三问

❶ 当你把失败的原因归结于他人时，你寻求的究竟是什么？

❷ 是什么让你想成为一个负责任的人？你愿意为此做出哪些改变？

❸ 在你的环境里，谁可以为你的改变提供有力的支持？你打算如何取得这种支持？

追求卓越

卓越的人的一大优点是：在不利与艰难的遭遇里百折不挠。

——贝多芬

1. 卓越≠完美

听到"卓越"，你是不是会想到"完美"？然而，我要告诉你的是，追求卓越不等于追求完美。这两者有什么区别？"卓越"是指"杰出的、超出一般的"，"完美"是指"没有漏洞和缺陷"，这两个词看起来好像没什么区别，都是为了追求好的结果，但在过程中有极大的分别。

丘吉尔曾说：完美主义让人瘫痪。因为只要不行动就不会失败。历史上最具创造力的科学家和艺术家都不是追求完美的人，他们深知只有不断地尝试和经历失败才可能获得成功。

追求卓越的人和追求完美的人有哪些不同的特质？你更偏向于追求卓越还是追求完美？

2. 有助于区分卓越和完美的 4 种特质

（1）**追求卓越的人更享受过程，而追求完美的人更看重结果。** 那些追求卓越的人常常会把自己正在做的事情看作践行生命意义的美好体验，所以他们非常享受过程；而那些追求完美的人，则很大程度上是为了用一个对的结果证明自己，所以他们呈现出苦行僧的特征，内心有很多"坚持""咬紧牙关""不达目的不罢休"的励志宣言。

（2）**追求卓越的人不怕失败，而追求完美的人担心失败。** 职场中，只要你留意就会发现，根据失败后的反应机制，可以把人分成两种。一种人会积极复盘，他们觉得失败可以让他们更明晰接下来需要着力提升的盲点，他们愿意试错，错了就积极修正，他们的状态始终是忘情地工作，积极探索多条路径，他们也更愿意冒险，愿意尝试新事物。这就是追求卓越的人的品质。还有一种人遇到失败时会沮丧、抱怨，他们会觉得失败是因为自己倒霉不走运，会认为天时、地利、人和均不到位，或者不停地"反思"并觉得自己能力不行、水平不够高，这样的人害怕失败，他们更愿意采用保守、熟悉的方法，他们谨小慎微，怕承担责任，缺乏创造力，行动力差，他们时而觉得自己拥有全部，时而觉得自己一无所有。这就是追求完美的人的品质。

（3）**追求卓越的人总能看到机会和积极的一面，而追求完美的人常看到问题和消极的一面。** 追求卓越的人认为自己做事的过程中每一步都有可能成功，甚至失败中也有成功的机会，危机就是危险加机会，所以追求卓越者的注意力总是偏向正面的点，注重开拓、创造、提高，这样的人常常有积极正面的能量场，在人群中也更有影响力；而完美主义者则常常看到问题，他们的注意力偏向负面，喜欢批评、挑毛病，只是有的人指向外部，爱批评别人，有的人则表面看起来和善，内心习惯于自我评判，这样的人常常处于消极的能量场。

（4）**追求卓越的人充满创意和弹性，而追求完美的人充满控制**。你是一个遇到问题习惯于找到多种方法尝试解决的人，还是一个常常充满压力，喜欢掌控一切的人？很多时候我们内心害怕失控，一定要紧紧地控制局面，确保这件事在我们的掌控和预期中，可是真的有人可以完全控制局面吗？不确定的因素时刻都存在，其实我们能做的只有觉察周围的环境并且顺势动态地调试行动策略。充满控制感的人，不仅自己感到很累、压力很大，而且对他周围的人也往往不信任，这种状态怎么可能控制局面呢？

看了以上关于卓越和完美的 4 个不同特质，你更偏向于哪一个呢？如果你已经拥有追求卓越的特质，那么恭喜你，你现在一定已经是一颗闪亮的职场明星。如果你更多地拥有追求完美的特质，那么也要恭喜你，因为你有机会读完以上内容，可以做出一个选择和决定：从此刻开始，成为一个追求卓越的人。

3. 有助于你逐步成为卓越的人的 3 个练习

如何成为一个卓越的人？建议你做以下练习。

找出1～2个因害怕失败
而拖延的重要工作事项，
制订卓越计划

（1）找出 1～2 个因害怕失败而拖延的重要工作事项，制订卓越计划。用自由书写的方式写下这个拖延背后真正的原因，制订一个卓越计划并付诸行动，用更好的态度实践它，并在这个过程中体会压力的变化。

选择一个自己
不太擅长的新爱好，
用追求卓越的方式
进行刻意训练

（2）选择一个自己不太擅长的新爱好，用追求卓越的方式进行刻意训练。根据本节内容，为自己换上一颗追求卓越的"内芯"，选择一个不太擅长的新爱好去体验和完成，其间刻意写下自己的感受日记。

（3）提升自我卓越性的四步法。当你遇到有挑战性的重要工作时，拿出一张白纸，跟着以下 4 个步骤的指引去做，你就会快速得到卓越的力量。

步骤 1：当你完成这项有挑战性的工作后，成功的画面是什么？用心体验，并且继续把这个画面放大十倍，此刻你能看到什么、听到什么？将此刻内心的感受都写下来，越清晰越好。

步骤 2：为了实现这个画面，你愿意面对的挑战有哪些？

步骤 3：自己身上有哪些卓越的品质可以帮助自己去应对这些挑战？请写下来。

步骤 4：如果这件事失败了，你会从中得到哪些成长和收获？

教练三问

❶ 回顾自己达成目标的方式，你觉得更多的是卓越驱动还是完美驱动？

❷ 在追求卓越的人所拥有的诸多特质里，最吸引你的是哪一点？

❸ 如果可以选择一个立刻就能开始的行动，提升自己的卓越驱动能力，你会选择什么？

自我减压

将没必要背的包袱交给大地。

——柯云路《心灵太极》

压力对于职场人而言如影随形，典型的职场压力有因工作能力不足而产生的挫败感，因身体适应不了高强度工作节奏而产生的沮丧感，因职场发展遇到瓶颈而产生的焦虑感，因对自己职场未来的不确定而产生的恐惧感，等等。

压力本质上是一种主观感知，是人们面对超越自己现有能力的任务（挑战性任务）时产生的一种应激反应。那么问题来了，当面临压力时，我们还有没有其他选择？答案是有的。依据控制欲程度和能量状态这两个维度，可以把人们在面对挑战时的反应方式分为以下 4 种类型：动力型反应、压力型反应、无力型反应和悦纳型反应。

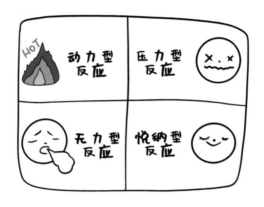

首先我们来看看这两个维度。

维度 1：控制欲程度。控制欲是人类原始的本能之一，我们每个人或多或少都有一些控制欲，只是程度不同而已。控制欲程度是反映一个人支配人和事走向的欲望程度，也反映出一个人对意外和错误的包容程度和应对不确定因素的能力水平。通常，内心有较强的不安全感、追求完美的人有着明显的控制欲，他们通过控制别人的想法和行为增强自己的安全感，确定自己的存在感。控制欲强的人体现出一种支配的出击力，控制欲弱的人则体现出一种跟随的承接力。

看看你更偏向于哪一种

1. 我常常觉得我是对的
2. 我喜欢在辩论中赢得胜利的感觉
3. 通常我在做一件事情之前，会把很多细节都考虑到
4. 一旦出现打乱计划节奏的情况，我会感到抓狂
5. 我考虑问题很周全，所以希望别人遵照我的想法去做

以上问题，如果你大部分都回答"是"，
那说明你的控制欲比较强

维度 2：能量状态。我们的能量状态大致可以分为积极状态和消极状态。积极状态本质上是用动态发展的视角看待自己，相信自己通过积极寻找合适的方法和资源，假以时日就可以战胜困难；而消极状态本质上是用静态、固化的视角看待自己，觉得自己是无能为力的。

1. 建立转化思维，反转压力能量

了解了这两个维度后，再来看这 4 种反应类型就很容易了。

当你面对挑战任务时，如果你是一个控制欲强的人，你会有两种反应选择，一种是压力型反应模式，一种是动力型反应模式。当你选择相信外部客观因素更强大的消极状态时，你就

选择了压力型反应模式，会充满沮丧感和焦虑感，类似泰山压顶的感觉；而当你选择相信自己的主观能动性更强大的积极状态时，你就选择了动力型反应模式，会充满动力和兴奋感，类似玩闯关游戏的感觉。所以，你想选择哪种方式？

如果你是一个控制欲弱的人，面对挑战时刻，你也会有两种反应选择，一种是无力型反应模式，一种是悦纳型反应模式。当你选择相信外力更强大的消极状态时，你就否定了自己的存在价值，会充满深深的无力感和不配得感，严重的话会走向抑郁；而当你选择相信自己更强大的积极状态时，你就进入了悦纳模式，即接纳自己所遇见的所有意外，包括好的和坏的，相信当下遇见的都是最好的安排，每个当下都是礼物和功课，这时你就拥有了一种如水般的柔韧的积极力量。正如阿南朵在《对生命说是》一书里写的："生命是不安全的，死亡才安全。假如我们接受生命是不安全的，是总在改变的，那么随之而来的唯一能让我们充满能量的路，便是勇于活在不安全里，勇于对改变说'是'，甚至对混乱说'是'。无论生命带给我们什么，我们只是顺流而行。"所以，你想选择哪种方式？

值得注意的是，当我们处于动力型反应模式下，往往也容易产生受挫感，因为不是所有的努力都会立刻产生回报，这时，我们就需要从动力型反应模式转化到悦纳型反应模式，而在这个转化过程中，我们需要修炼的就是放下控制欲、提升内在安全感的能力。

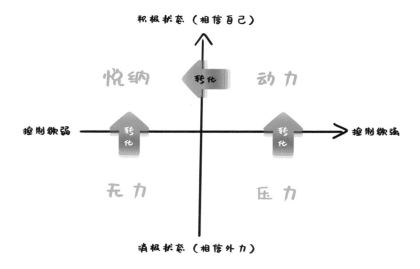

2. 有助于你放下控制欲的 3 个角度

（1）**放下对事物的控制感**。对自己的能力要有合理的评估，承认自己不是万能的。尊重事物发展的客观规律，承认挫折和失败是必然存在的，并用动态发展的眼光看问题；相信经过时间的积累，情况是可以逐步改善的，而不要急于求成；斩断不切实际的向往和比较。

（2）**放下对他人的控制感**。相信人生而平等，尊重每个人作为独立个体所拥有的独立的人格和选择权力；不把自己的价值观强加给他人。

（3）**放下对自己的控制感**。相信每个人都是不完美的，真实比完美更有力量。向内探索，不断了解自己，找到自己的节奏、优势，持续精进，发展自己的长处，不必期待自己面面俱到。

3. 学会劳逸结合，在劳中沉浸，在逸中徜徉

关于劳逸结合，"劳"可以理解为专注地工作，"逸"可以理解为放松、放下、放空。当我们有专注的能力时，就要配上完全放空和放下的能力。我自己也曾是一个如永动机般的工作狂，一旦休息就会有负罪感，直到发现有几次重要的灵感都来自我真正放松的片刻，我才慢慢体悟到劳逸结合的精妙所在。心理学家研究表明，当我们兴奋地专注于工作时（注意此处说的前提是"兴奋"，而不是"压力"），我们内在的积极能量会被充分调动，所以当我们放空、放松的时候，其实大脑和心智并没有完全休息，潜意识层面它们一直在运作。你坦荡地放松自己，完全地远离工作，恰恰为灵动的潜意识提供了很好的

活跃空间，也就更容易获得不期而遇的灵感和顿悟。比如，赏花也能赏出"一花一世界"的哲学意味。我的一位朋友是企业家，她在繁忙的工作之余有一个爱好，就是自己制作泡菜，她说她在制作泡菜的过程中能体悟到流程和适度的智慧，跟着正确的流程，掌握精微的适度，才能做出好吃的泡菜，这样她就对流程和适度有了一份更深度的链接感，而这种在逸中偶拾的智慧又会加持于她的工作过程。所以，工作的时候，我们要专注地"劳"，完成小目标时就要心安理得地"逸"，如此，我们就不会在劳中耗尽自己，也不会在逸中散落自己。

教练三问

❶ 当压力感来临时，你能感知到自己的身体有什么细微的变化？

❷ 在压力感的背后，你能观察到自己有哪些秉持已久的信念？

❸ 如果你成功地将压力转化成了正面能量，你可能做对了什么？

附　录

职场
避坑指南

一、接待客人别闹笑话

最近，公司和合作方有一场会见，安排飞飞接待客人。

临会见前几天，总监问飞飞都准备好没有，飞飞一愣，问："茶水什么的都安排好了，除此之外还需要准备什么吗？"

总监摇摇头说："接待礼仪关乎公司形象，看似简单，其中的学问可多了，有许多技巧。正所谓'教养体现于细节，细节展示素质，细节决定成败'，在与人打交道时，如果我们不注重细节，就会带来不必要的麻烦，导致在交往中处处碰壁。"

飞飞想了想，说："我明白了。在这次会见中，我不仅代表个人，更代表着公司的形象，代表着产品形象和服务形象。"

总监肯定地点点头："没错，初次见面时，递收名片、介绍人、握手、倒茶水等，这些看似平常的小事都有许多细节需要注意，否则，一不小心就可能让人看了笑话。"

1. 见面，递收名片有讲究

"初次见面，我们通常要交换名片，以便以后联系。在递送名片和接收名片时，有一些注意事项。"

（1）递送名片要点。

① 顺序。先客后主，先低后高，先男后女，即客人先向主人递送名片，职位低的先向职位高的递送名片，男士先向女士递送名片；在给多人递送名片时，应由尊到卑、由近到远，顺时针依次进行。

② 姿势。双手持名片，使名片正面向上，文字正向客户，眼睛注视对方，面带微笑，齐胸送出，并说："我是 ×××，这是我的名片，请笑纳。"若只有一只手有空闲，那么只能用右手递送。

（2）**接收名片注意事项。**

① 表示感谢。接收名片时要起身或欠身，双手接过对方名片，并说"谢谢"或"荣幸"，再回敬一张本人的名片。

② 认真拜读。收到名片后，应花 3 ～ 5 秒仔细看一下，收集姓名和职务等关键信息，然后妥善保存（适当的时候，可以念出对方的职务信息）。

（3）**避坑要点。**

① 身上未带名片时。当对方给你名片但你未准备名片时，不必紧张，可以表示抱歉并说明情况："对不起，我忘带名片了。"

② 名片只写一个头衔。术业有专攻，将自己最重要或最能体现专长的头衔写上，针对不同客户可以准备不同的名片。

2. 商务场合，学会做好介绍人

"在这样的商务场合，通常需要你做引荐人，介绍双方。这并不是简单地动动嘴皮子就可以的，关于介绍顺序和介绍的礼仪，都有许多讲究。"

（1）**关于介绍的顺序。**尊者有优先知情权。在介绍双方时，位置较高、更受尊重的人应先知道对方的情况，因此要先将年轻人介绍给年长者，将位低者介绍给位高者，将男性介绍给女性，将同事介绍给客户。

（2）关于介绍的礼仪。

① 简洁明了。语言要清楚、明确、完整，依照"姓名＋职务"模式，必要时可以说明被介绍一方与自己的关系，避免对某个人特别是女性的过分赞扬。

② 手势大方。掌心要向上，表示坦诚、尊重对方；四指合并，拇指张开，胳膊略向外伸，指向被介绍一方，并向另一方点头微笑。

（3）避坑要点。

① 信息对等。在介绍双方时信息要对等，不能厚此薄彼，避免对某个人特别是女性的过分赞扬。

② 引导沟通。在商务宴会或大型活动中，介绍时可附加一些双方共同的爱好、特长，引导双方展开初步的沟通与攀谈。

3. 讲究姿势，正确使用握手礼

"在以上过程中，握手是不可避免的举动。和我们平常认为的不同，握手不仅有顺序，姿势也是有严格的讲究的。"

（1）握手有顺序。

① 尊者先伸手。商务场合，应由身份较高者首先伸手，如对方没有握手意愿，可点头微笑致意或鞠躬致意。

② 与多人握手顺序。一人与多人握手时，先尊后卑，由近至远，根据具体情况确定。

（2）握手姿势应正确。握手也要讲究姿势。我们需要行至距对方 1 米处，目视对方，面带微笑，双腿立正，身体略微前倾，接着伸出右手，四指并拢，掌心向左，拇指张开与对方相握。握手时要注意用力适度，上下晃动 2～3 下，保持 3～5 秒再还原。

（3）避坑要点。

① 先伸手者视场景而定。客人到访时，主人应先伸手，客人再伸手相握，表示欢迎；但客人辞行时，应是客人先伸手表示辞行，主人才能握手告别。

② 异性握手，男士只轻握女士四指。男士与女士握手时，由女士先伸手，且男士只需轻轻握一下女士的四指即可。

4．及时添茶，茶水只需七分满

"来宾就位后，需要给客户端茶倒水，不能毫无次序和讲究地倒茶，上茶时要注意顺时针进行，茶水要七分满，在奉茶时，应双手捧茶杯。"

（1）茶水七分满。茶水不能超过杯子的三分之二，但也不能太少，少了表示送客，七分满最合适。

（2）双手奉茶。

① 茶杯有杯耳。用右手抓住杯耳，左手托住杯底，将茶端给客人。

② 茶杯无杯耳。如果是女士，右手握着杯子的二分之一处，左手拖着杯子底部；如果是男士，则双手水平拱握着杯子

的二分之一处，将茶摆放在饮用者右手上方 5 ～ 10 厘米处。也可以使用杯垫，双手托着杯垫两侧递茶。

（3）顺时针顺序。上茶时，要先给客人倒茶，再给领导倒茶；会议时，应该从右边开始，或先给重要领导倒茶，再按照顺时针顺序进行。

（4）避坑要点。

① 礼貌低头。倒茶时，面对平辈可以微笑抬头；面对长辈时要礼貌性地微微低头，表示对长辈的尊重。

② 给自己添茶。为客户或上司添茶以后，也要给自己添茶。

③ 壶嘴不朝人。结束倒茶以后，茶壶的壶嘴不能对着客人。

听完后，飞飞感叹道："没想到作为接待工作者，还有这么多礼仪讲究，我可真得回去好好琢磨一下了。"

总监笑了笑说："没错。不仅是在职场中，在日常生活中处处都需要注意社交礼仪。我们在学习和运用礼仪时，最基本的理念就是尊重对方。这是人际交往的一种艺术，掌握得好会锦上添花，不仅能够得到对方的欣赏和尊重，还能够避免不必要的矛盾，达到事半功倍的效果。"

二、别把领导的位置抢了

为庆祝和品牌方合作成功，公司邀请合作方，准备了一场庆功会。飞飞在公司一向人缘很好，不管是和上级还是下属，都能轻易地打成一片，因此她在庆功会上也没有过多讲究，随便找了个位置坐了下来。

同事看到后皱了皱眉，悄悄拉着飞飞说："这么重要的场合，你怎么还这么没大没小的，你看你把领导旁边的位置都占了，总监该坐哪儿？"

飞飞连忙道歉："不好意思，这次是我疏忽了，以后我会多加注意的。"

"记住，在职场中要将工作和生活区分开来，尽管大家都喜欢轻松愉悦的工作氛围，领导也常和大家说'别客气，别拘束，大家都是朋友'，但在一些重要的、正式的场合，就必须严格遵守上下级关系，安排会客座次，别把领导的位置给抢了。在工作中也是如此，不可带着私人情绪去工作，更不要觉得可以用玩笑缓解尴尬的气氛。"同事说。

1. 会客座次不简单，两种形式需区分

"一般来说，我们会有两种会客形式，不同的会客形式有不同的座次安排。一种是礼节性会客，常采用并列式座次安排；另一种是公务性会谈，常采用相对式座次安排。"

（1）并列式座次。并列式座次即宾主双方并排就座，表示双方之间平起平坐，地位相仿。这种座次安排多适用于礼节性会客，常见形式为贵宾室或沙发室会谈。有以下两种情况。

① 双方皆面门而坐。此时讲究"以右为上"，宾客就座于主人右手边。双方的其他随员可各自分别在主人或主宾的一侧按身份高低依次就座。

② 双方在同侧就座。此时讲究"以远为上"，即距门较远的座位为上座，应当让给客人；主方在距门较近的位置。

③ 避坑要点。居中为上：当多人并排就座时，居于中央的位置为上座，请客人就座，而主方人员通常就座于两侧，常见形式有圆桌会议。

（2）相对式座次。相对式座次即宾主双方面对面而坐，双方有一定距离，主次分明。这种座次安排多适用于公务性会谈，

常见形式为长条桌会议。有以下两种情况。

① 正门对着一个横摆放的长条桌。遵循"面门为上"原则，宾客就座于面向门的一侧，主方就座于背对门的一侧。

② 正门对着一个竖摆放的长条桌。遵循"以右为上"原则，宾客就座于进门时右手一侧，主方就座于进门时左手一侧。

③ 避坑要点。

左膀右臂：明确主宾方位后，主方与宾客每一方的排序遵循左臂右膀原则，即2号领导在1号领导的左手边，3号领导在1号领导的右手边。

添茶有顺序：添茶时请遵循"先宾客后主方，先中间后两边"的原则，不能从两侧往中间添茶。

2. 领导合影时，数量不同，站位也不同

庆功会结束，领导招呼大家开始合影。同事又拉着飞飞悄悄说："跟领导合影时，座位安排也是有讲究的，领导数量不同，座位安排也不同，可不能再随便找位置坐了。"

（1）领导数量为奇数时，重要领导1号居中，2号领导在1号领导左手位置，3号领导在1号领导右手位置。

（2）领导数量为偶数时，1、2号领导同时居中，2号领导依然在1号领导左手位置，3号领导依然在1号领导右手位置。

（3）避坑要点。

此排位方法皆以领导面向观众为前提，且以领导的左手位为尊。

领导排位口诀：前（排）为尊，中（间）为尊，左（手）为尊。

若个人单独与领导合影，请站在领导右手边。

3. 电梯站位有讲究，先后顺序不能错

合影结束，飞飞和同事跟在领导后面，准备回家。"叮"的一声，电梯到了，旁边的礼仪小姐按着按钮，做出"请"的手势。同事拉住准备踏进电梯的飞飞说："别急着进去，我们得让领导们先进电梯。"

飞飞不解："电梯站位也有这么多讲究吗？"

"当然，在重要场合，电梯站位也是需要十分注意的。有人操作电梯时，我们需要后进后出，无人操作电梯时，又是另一种情况了。"

（1）**无人操作电梯，陪同人员先进后出。**无人操作电梯时，陪同人员先进后出，这样方便控制电梯。先进去的陪同人员可以控制电梯保持打开状态，方便客人进电梯，不会有被夹到的危险。同时也可以更方便地帮客人按楼层。

进入电梯时，一手按电梯"开"键，一手按住电梯侧门，说"请进"；出电梯时，一手按电梯"开"键，一手做出"请"的手势，说"到了，您先请"。

（2）**有人操作电梯，陪同人员后进后出。**有人操作电梯

时，陪同人员后进后出，但也不绝对。比如，电梯里人太多，你最后进来已经堵在门口了，如果你硬要最后出去，那么别人就没法出去了。这种情况下，就得把选择方向的权利让给地位高的人或客人。

假如乘坐箱型电梯，站位也有特殊安排。注意：若电梯两侧都有按钮，只需4号位与5号位互换位置即可。

（3）避坑要点。

单向右站：上下行扶梯一般单向右站，领导先行。

领导先出：箱型电梯中，无论哪种情况，都应请客人及领导先出电梯。

电梯内站位规则：远门为尊，面门为尊，以右为尊（指面向电梯的右侧，遵循国际惯例），最后才是按键位。

4. 乘车座次学问大，自驾他驾位不同

接送宾客的专车来了，飞飞和同事目送领导们上车，礼貌地说了再见。一阵风吹来，同事突然说："其实就算乘车，学

问也大着呢。"

飞飞一脸好奇地看向同事。

"领导亲自驾车和专职司机驾车时，座位安排都有不同。"

（1）**主人亲自驾车时**。一般称之为社交用车，副驾驶座为上座，体现出对开车者的尊重，表示平起平坐，亲密友善。

（2）**专职司机驾车时**。主要考虑乘车者的安全性和下车时的方便性，后排右侧靠门处为上座，而前排副驾驶座一般为陪同人员（随员）座位。

注意：在接待重要客人的场合，比如政府要员、重要外宾、重要企业家，这时上座位置是司机后座，因为该位置的安全性和隐秘性较好，通常也被称作 VIP 座。

（3）避坑要点。

① 前座要有人：主人驾车时，中途坐前座的客人下车后，坐在后面的客人应改坐前座，此项礼节最易被忽视。

② 乘车座次三原则："尊重为上、方便为上、安全为上"，其中，"尊重为上"原则最重要。

目送领导们越走越远，飞飞和同事也踏上了回家的路。

飞飞叹了口气说："原来日常生活中有这么多需要注意的细节。感觉曾经的我犯了好多错。"

同事看了一眼飞飞，安慰道："刚入职场的新人难免会疏忽，不要紧，下次在重要场合谨记这些原则，就不会再犯错了。"

三、学会操办宴席

最近，公司要举办一场宴席，邀请多家品牌方参与，总监把这项艰巨的任务交给了飞飞。

飞飞拍拍胸脯，兴奋地说："没问题，交给我来办，我绝对会让所有宾客都满意。"

听见飞飞的保证，总监忍不住笑了："可别只傻乎乎地吃了，操办宴席可是需要花费很多精力的，不仅要会点菜，还得安排宴请座次，学会敬酒和拒酒。在中国传统文化里包括各种礼仪，渗透到生活的每个方面，尤其是在酒席上。正式的酒席一般都有规范的礼仪，这样才能体现对品牌方的尊重，同时还能展现公司的良好形象。"

1. 宴请嘉宾时，座位安排最重要

"座位安排最重要，也是首要步骤，根据酒席形式的不同，有不同的座位安排方式。"

（1）中餐。

① 类型一：一位主人。宴请时主要是照顾好主宾。主人（主陪）坐主位，主宾坐在主陪右手的位置。其他的随员和宾客可以对面坐，也可以交错坐。

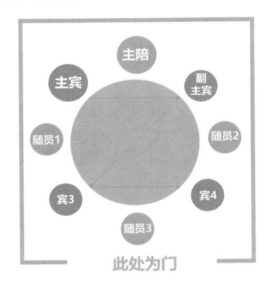

② 类型二：两位主人。第一主位（主陪）为面门位置，第二主位（副陪）为背对入口位置。1号（主宾）、2号（副主宾）客人分别坐在主陪右手和左手边，3号、4号宾客分别坐在副陪右手和左手边。其他客人位置类推。

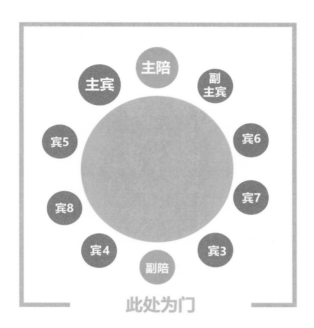

注意："主陪"指请客一方的最高职位者，或陪酒人员中地位最尊贵的人，主要把握本次宴请的时间、喝酒程度等。"副陪"指请客一方第二尊贵的人，目的是带动客人喝酒。"主宾"指客人里面职位最高者或地位最尊贵者，位置在"主陪"的右手边。"副主宾"指客人一方的第二顺位，位置在"主陪"的左手边。

③避坑要点。

用餐讲究"右手为尊"（遵循国际惯例，可以理解为右手更方便为嘉宾布菜）。

"主陪""主宾""副陪""副主宾"这4个位置要牢记，方向一定不能列反。

中餐宴席座次排列规则：面门居中为主位，主宾位于右手边；越近主位，位次越高；同等距离，右高左低（遵循国际惯例）；以远为上（远离房门，视野良好为最佳）。

（2）西餐。"就座西餐的位置排法与中餐有一定的区别，中餐多使用圆桌，西餐则以长桌为主。长桌的位置排法主要有以下两种方式。"

① 类型一：法式就座方式。主人位置在中间，男女主人对坐，女主人面向门。女主人右手边是男主宾，左手边是男次宾，男主人右手边是女主宾，左手边是女次宾，陪客则尽量往旁边坐。

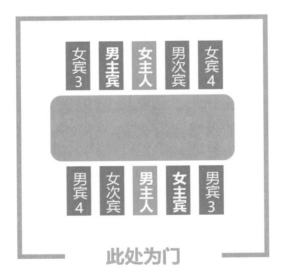

② 类型二：英美式就座方式。桌子两端为男女主人，同样女主人面向门，男主宾在女主人的右手边，女主宾坐在男主人的右手边，左手边则是次宾的位置，如果是陪客，则尽量往中间坐。

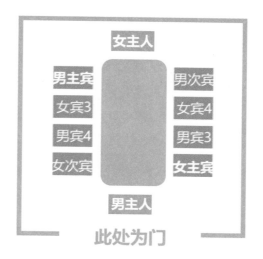

③ 避坑要点。

女士优先：大多数情况下，西餐宴会由女主人主持，女主人面门而坐。男宾客需在女主人和其他女士坐下后方可坐下。

右手为尊：同中餐礼仪。

两个交叉原则：男士和女士交叉坐，熟人和生人交叉坐。用意是方便客人聊天，达到社交目的。

2. 掌握好三点，点菜不再难

"点菜也是一门学问，需要下功夫，不能仅凭自己的口味揣测宾客的喜好。点菜时要注意以下三点。"

（1）确认有无忌口。点菜前询问客人有无忌口，根据已知客人的口味偏好、忌口点菜。如客人无法做出选择，可以点本地特色菜、名菜，该饭店招牌菜、时令菜。

（2）**控制点菜数量**。点菜数量不可过多或不足，避免造成浪费或者尴尬，通用规则是人均一菜。人数较多时，热菜通常为用餐人数的 $(N+1)/2$，冷菜最多不超过用餐人数的 $1/2$。

（3）**菜肴品类齐全**。要准备冷菜、热菜、汤、主食、甜品、水果等品类，荤素均衡，种类均衡。通常至少应挑选 $1/3$ 高级菜，调配 $2/3$ 中低等级菜。

（4）**避坑要点**。

不重复点菜：如客人已应邀点了一些菜，主人再点时应避免点同原料、同口味的菜。

不主动点菜：如你是赴宴者（宾客），在点菜时不能太过主动，要让主人点菜。

不要小看自己，因为人有无限的可能。

——证严法师

完成本书最后一个章节的撰写，内心涌现出的一个词是"感恩"。感恩你的阅读，感恩遇见的美好。

尼采说："每一个不曾起舞的日子，都是对生命的辜负。"

本书是我们利用繁忙工作之余的零碎时间完成的，断断续续历时一年。

我和我的小伙伴们选择用书写的方式将缘分永久记录，向一起成长的每一天致敬；我们选择对职场成长进行深度复盘，向每一位在职场认真拼搏的你致敬；最后，让你我选择一种悦动轻盈的生命姿态，向职场这个创造无限可能的道场致敬！

亲爱的朋友，后会有期，江湖再见！

期待

我们会

在

下一个转角

遇见

还能

像这样

坐在一起聊聊天

不过

到时

你来说你的故事

我来听那份成长的欣悦